寓言中的
教育智慧

JIAOYU
SHENGHUO
CONGSHU

教育生活丛书

YUYAN ZHONG DE JIAOYU ZHIHUI

陈大伟 / 著

 北京师范大学出版集团
BEIJING NORMAL UNIVERSITY PUBLISHING GROUP
北京师范大学出版社

图书在版编目(CIP)数据

寓言中的教育智慧/陈大伟著. —北京：北京师范大学出版社，2022.5
（教育生活丛书）
ISBN 978-7-303-27723-0

Ⅰ. ①寓… Ⅱ. ①陈… Ⅲ. ①教育研究 Ⅳ. ①G40-03

中国版本图书馆 CIP 数据核字(2022)第 001381 号

营 销 中 心 电 话　010-58802135　58802786
北师大出版社教师教育分社微信公众号　京师教师教育

出版发行：北京师范大学出版社　www.bnupg.com
　　　　　北京市西城区新街口外大街 12-3 号
　　　　　邮政编码：100088
印　　刷：保定市中画美凯印刷有限公司
经　　销：全国新华书店
开　　本：710 mm×1000 mm　1/16
印　　张：13.5
字　　数：214 千字
版　　次：2022 年 5 月第 1 版
印　　次：2022 年 5 月第 1 次印刷
定　　价：69.00 元

策划编辑：何　琳　　　　　责任编辑：林山水
美术编辑：焦　丽　　　　　装帧设计：焦　丽
责任校对：陈　民　　　　　责任印制：赵　龙

砥砺思维　别开生面

我曾经多次和教师们讨论专业成长，有朋友问有没有诀窍和捷径。我常用自身经验说两点：一是"人因思而变"，要有思考的自觉性、积极性和创造性，要调整思维方向，改善思维方式，在思考中学会思考；二是要"工作学习生活一体化"。

在思考中学会思考，核心在于学会提问。一是要往开放处提问，通过提问发现新的可能性，比如对于寓言，我们可以再问问"这则寓言的意义就是这些吗""现有的理解是否还不充分""还有哪些东西可能我们没有注意到"；二是往纵深处提问，用提问把自己思维的线索拉长，比如针对看到的现象，往后端问"背后的原因是什么""原因背后出了什么问题"，往前端问"改变现状，解决问题的措施是什么""解决问题需要什么条件，应该准备什么"；三是往关联处问，在提问中发现过去没有发现的关系，获得新的认识，比如问一问"作者出于什么样的目的和动机，和他的人性观念、政治主张有什么样的关系"；四是往实践处问，问出生活的意义和实践的智慧，比如"这则寓言于我的生活有什么意义和价值""教育生活中遇到的问题，能不能从学过的寓言中找到解决方案"……思考本身就是磨砺，它锻炼思维，改善思维，使自己的工作与生活别开生面。

"工作学习生活一体化"可以这样理解：一是工作学习化，就是通过工作来学习成长，在工作的实践中学习；二是学习工作化，就是意识到学习是工作的有机构成，带着工作中的问题学习，通过学习提高工作质量；三是生活学习化，意识到生活需要学习，把整个生活作为学习的范围和对象，通过学习提升生活品质；四是学习生活化，把学习作为生命的存在方式，终身学习，不断追求自身进步和完善。

提倡"工作学习生活一体化"，首先因为教师工作任务繁重，不可能用太多的学习去挤占生活和工作的时间，教师需要贴近生活进行有实效的学习。 其次，法国作家阿尔贝·加缪说："从这夜晚的徐风直到放在我的肩上的这只手，每一事物都有它的真理。 意识通过关注事物而照亮事物。"世上的万事万物都蕴含着教育的智慧，只要善于学习，生活就是最好的老师。 最后，"道不远人"，求道不必在生活之外，教师所求之"道"应该是工作生活的道、教育智慧的道，求道的目的也是改善生活、增加教育智慧。

"上士闻道，勤而行之。"实践"工作学习生活一体化"，我找到了理解与表达教师专业成长的多种载体和途径，比如生活中的故事，比如教育影视，比如寓言，比如微信中的图片和段子……

我用寓言讨论教师生活的智慧也有十多年了。 许多朋友记得我用《坐井观天》讨论过经验与反思，记得由此而来的"几只小鸟"。 我用《滥竽充数》讨论过人性的假设；用《小马过河》讨论"知识诅咒"、人生思与行的关系；用《盲人摸象》讨论如何表达自己，如何与他人对话；用《螳螂捕蝉，黄雀在后》讨论教育活动设计及人际交往中的"上善若水"……使用寓言讨论增加了分享的情趣，赢得了教师的肯定。 例如，2020 年 4 月在完成深圳市龙岗区骨干教师的线上交流《教师人生寓言与思维改善》后，肖春生老师推文说："陈大伟老师总会给我们带来不一样的讲座，启发我们不一样的思考……这次交流让我们再次看见了他的教育智慧与教育实践。 整个讲座以三个寓言为线，串起了教师思维、教育思考、认知框架、课程构建、课堂模型等的珍珠，让教育的这串珍珠项链熠熠生辉。"

正是看到寓言的意义和价值，2017 年年底，在完成《影像中的教育学：从电影中体悟教育与人生》后，我把注意力转向了对寓言的系统思考。

简言之，寓言就是寄寓（蕴含）着人生智慧的故事。 寓言对于教师生活的意义主要有几个方面：一是满足教师案例学习、情境学习的需要。从故事角度看，美国心理学家杰罗姆·布鲁纳认为："逻辑假设在置于正在进行的故事之中时最容易为儿童所理解。"儿童是这样，成人学习何尝不是如此？情境学习理论认为，学习内容的背景呈现十分重要，镶嵌于背景中的问题更容易理解，而由此获得的相关知识则更容易迁移。可以说，我们都受过寓言的滋养，都会记起几个寓言，寓言给我们提供了生活的启示与教育的智慧。二是用作锻炼思维的工具。就教师素养而言，积极性重要，能力重要，知识也重要，而用好它们更为重要，改善思维一直是我教育工作的重点。寓言和寄寓的意义之间具有类比、影射或暗示等关系，这些关系"隐"在故事之中，发现其中的"寓"、揭示内在的"隐"，有利于磨砺思维，打开视野，使我们"爱智慧"和学会思考。三是教师对寓言有了更充分、更深入的理解，就可以游刃有余地和孩子们（包括学生和自己的孩子）讨论寓言，这样的寓言教学更从容更深入，对孩子们的帮助也更有效。

我主张阅读教学要有三层功夫：读懂文字，读懂作者，读出自己。寓言是一种文本，也需要这样的三层功夫：读懂文字是要读出这是一个什么样的故事；读懂作者是要读出文本本身的寓意；读出自己是要基于自己的生活，读出文本对自己的意义。基于教师专业成长的寓言阅读最终是要读出自己，这不仅需要唤醒曾经的教育实践经验，而且需要发现教育智慧，实现专业成长的阅读期待。这种阅读期待表现为基于教师的立场和需要，以教育的眼光和敏感，用尽可能专业的眼光和方法去发现教育的情境，把阅读过程变成教育研究的过程。接受美学理论认为，作品的意义是文本的作者和读者共同赋予的，读者的接受本身是一种创造。教师读寓言的关键是承认寓言故事存在的现实可能性（好的寓言本身就应该有生活的基础），基于可能的逻辑，基于发展和改进的意愿，读出人生的可能选择，读出教师的教育智慧。

《寓言中的教育智慧》，就是以这样的思路和方法，从学过、看过、听过的寓言中，筛选出十则能从中获得教师生活的信念、交往方式、成长与完善等不同智慧的寓言进行分析和讨论，同时汇集相关寓言教学讨论的成果。我们期待读者能从中看到和过去不一样的寓言，得到教师生活的启示，锻炼和磨砺自己的思维，做出一些教育生活的改变。

本书的编写是我与所带教育专业硕士共同讨论和学习的过程，我确定了讨论的寓言和结构框架，撰写了《从〈盲人摸象〉看教师认知与专业对话》的样章，同学们分工撰写了初稿，最后由我完成统稿。

一千个读者，可能会有一千个哈姆雷特。 我们带着自己的审美经验阅读，同时也带着我们的审美局限。 好的寓言是向读者开放的，《寓言中的教育智慧》对您也是开放的。 期待着您的批评，期待着您的丰富和充实。 谢谢！

陈大伟

2021 年劳动节

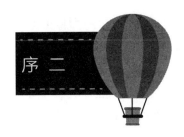

教师怎样专业地"读"电影[①]

看书和读书有什么区别？ 我们或许会说，看书更随意，读书的自觉性更强，任务更清楚，读出其中的意思和意味是读书的根本目的。

对于电影，也有两种对待方式：一种是消遣、休闲、娱乐性的，这可以叫作看电影；另外一种是研究性、批判性、发展性和成长性的，从中发现对自己的意义，这可以称为"读"电影。 人生需要幸福，人生追求幸福。 赵汀阳在《论可能生活》中的观点"幸福是一种能力"，提供了认识幸福、追求幸福的一些启发：幸福生活需要能力，追求幸福从提升能力开始。 在这种意义上，对于书和电影，我们都要有从看到读的转变。 教师需要不断学习和成长，尤其是在有限的时间内。 如何更专业地"读"电影就成了一个有讨论价值的问题。

什么电影值得"读"

有的书只需要翻翻，有的则需要花时间、精力去认真读。 对于电影，同样有的只需要看看，有的则需要认真读。 要选择什么样的电影读？

从专业发展的角度看，需要选择有教育意蕴的电影来"读"，这类电影可以被称为教育电影。 教育性是电影的基本属性之一。 我们所指的教育电影主要

---

① 　陈大伟：《教师怎样专业地"读"电影》，载《中国教育报》，2018-03-26。

是刻画了教育者和受教育者的人物形象，表现了教育关系，能反映和揭示某一个或几个教育问题的电影。大致可分为两类：一是直接以教师与学生生活、学校教育生活为主题的电影，如《美丽的大脚》《放牛班的春天》；二是以社会生活为题材，主要反映社会现象，但其中存在人与人之间的教育互动关系，能触发我们研究和思考教育的电影，如《百鸟朝凤》《摔跤吧！爸爸》等。

值得"读"的教育电影应该是真的教育电影。所谓"真"也有两种：一是由真人真事改编的，如《孟二冬》《陶行知》《奇迹的缔造者》《自由作家》《叫我第一名》《热血教师》等；二是经创作而成，以一个或多个教育故事为主题，集中反映教育现实，刻画教育人物形象，表达教育观点的电影，如《美丽的大脚》《死亡诗社》《放牛班的春天》等。判断第二类电影属不属于"真"，主要看是否有真的教育基础及真的教育逻辑。

美国教育学者帕克·帕尔默在《教学勇气——漫步教师心灵》一书中提出了这样的命题：真正好的教学不能降低到技术层面，真正好的教学来自教师的自身认同与自身完整。大多数的教师可以从电影中读出教育的希望、读出自己的勇气。

在"读"电影中提升教师素养

瑞典导演英格玛·伯格曼说："没有哪一种艺术形式能够像电影那样，超越一般感觉，直接触及我们的情感，深入我们的灵魂。"

中外教育电影琳琅满目，数不胜数，为教师专业成长提供了丰富的研读资源，读好教育电影，可以帮助教师掌握比较充分而完整的教育学。例如，《美丽的大脚》《叫我第一名》等揭示了教育信念的来源与意义，可以引导我们关注、审视教育信念，确立更加合理的教育信念；《乡村女教师》《生命因你而动听》等刻画了教师的情怀，揭示了教师生活的意义和价值，可以帮助我们认同和理解教师生活，发现和追求教师生活的幸福；《放牛班的春天》表现了对行为主义教育观的反思与批判，展现了人文关怀的美丽；《我的教师生涯》《摔跤吧！爸爸》等表现了特定的时代、特定的环境中教育的选择和作为，可以加深教师对教育与社会互动关系的认识和理解，发现教师劳动的社会改造价值；《孩子那些事》《地球上的星星》描画的学生个性差异，可以帮助我们更好地确立儿童观念，从而研究学生差异、尊重学生差异、因材施教……

怎样更专业地"读"电影

以研究方法"读"电影。 更专业地读意味着研究。怎么研究？杜威在《民主主义与教育》中说："一个孩子仅仅把手指伸进火焰，这还不是经验；当这个行动和他遭受到的疼痛联系起来的时候，这才是经验。从此以后，他知道手指伸进火焰意味着烫伤。""手伸进火里"是行动，"手被火烫伤"是结果，有了行动和结果，这只是人的经历，要把经历转化为经验、从经历中获得经验，需要认识其中的关系"手伸进火里会被火烫伤"，因此"读"电影首先是要读行动和行动效果之间的关系。郝文武在《教育学的科学化和合理性——论近年来我国关于教育学研究方法的反思》中强调：教育行为只能在目的和手段关系的框架中才能得到理解。教育科学并不只是一种描述事实的科学，而是一种分析目的和手段的科学。专业的"读"电影还需要读出行动背后的原因、理念、价值选择等。

以《放牛班的春天》为例。影片中，后来成为指挥家的莫昂治有极高的音乐天赋且喜爱歌唱，但他就是不参加马修老师的合唱团，马修是以"如果你不想继续被关禁闭，那你就要参加合唱团"的交换条件让莫昂治加入合唱团的。为什么会这样？追踪马修的行为，我们发现，他们之间有这样的第一次互动：马修要带勒盖莱克到校长室，他叫莫昂治维持秩序，莫昂治站起来衣着不整。马修却说："不错，穿着整齐，衬衫露了出来，很时尚啊。"当马修回到教室时，教室已经乱作一团，莫昂治则在黑板上画丑化马修的漫画。马修的处理方法是："不错呀。但我能画得更好，你给我来个侧姿。"在其他同学对莫昂治漫画哄堂大笑的时候，莫昂治转头狠狠地瞪着同学们："谁敢再笑，下来我收拾他。"这里对马修的怨恨神情表露无遗。可以得出这样的结论：是马修的不合适的教师行为造成了莫昂治的怨恨与不配合。

马修为什么要这样做呢？之前的学监对他有过这样的提醒："他（莫昂治）少言寡语，但你得小心他，他有天使的面容、魔鬼的躯体。"这使马修有了先入为主的认知："这不是一个好学生。"对这样的学生，马修可能怀有"杀鸡儆猴"、迅速树立自己权威的想法。通过这样的分析，我们就可以获得这样一些教育的领悟：先入为主要不得；杀鸡儆猴很糟糕；挖苦讽刺不可取……

以学为本"读"电影。教育的根本任务在于促进和实现人的发展，专业地"读"电影也要以此为本。基于这样的教育价值取向，"读"电影的视点就应该聚焦在受教育者身上，观察他们的特点、他们对教育行为的反应、他们在教育活动中的参与和变化，体会他们的状态和心情。而判断教育行为是否合理和有效，就要看是否有利于受教育者健康快乐的成长。

回到《放牛班的春天》，马修老师身上闪现着人文关怀的智慧和光芒，他带给孩子们爱和希望，带给孩子们音乐和美好，他在电影中留下了自己的光辉形象。但以学论教，就事论事，从莫昂治的眼神和以后不配合的举动，我们必须承认马修和莫昂治的第一次互动存在问题。

面向教育实践"读"电影。电影要遵循艺术的逻辑，教育要遵循实践的逻辑。艺术表达有聚焦，有夸张；实践逻辑需要平衡和中庸。联合国教科文组织国际教育发展委员会在《学会生存——教育世界的今天和明天》中这样表达教育的实践使命：保持一个人的首创精神和创造力量而不放弃把他放在真实生活中的需要；传递文化而不用现成的模式去压抑他；鼓励他发挥他的天才、能力和个人的表达方式，而不助长他的个人主义；密切注意每一个人的独特性，而不忽视创造也是一种集体活动。

以此分析《死亡诗社》中基廷的教育行为，在看到其激荡青春、张扬和解放个性的教育实践的意义和价值的同时，也要看到忽视教育平衡和中庸的危害。比如，他不教现实主义诗歌，而侧重于讲授浪漫主义诗歌，这在教学内容的选择上就忽视了平衡，用撕书的方式来表达过于极端。教师偏重浪漫主义流派无可厚非，但生活中除了浪漫还有现实。没有应对现实的教育，学生的未来生活将举步维艰。对于结局的尼尔之死，当然不能完全同意校方的结论："是基廷先生滥用教师职权，才直接导致尼尔死亡。"但不能否认基廷的教学间接影响了尼尔的选择。理论表达可以尖锐，实践中的教师不能无所作为，也不能任性胡为。

面向实践意味着要读出实践的策略和方法。要思考影片中的教育言行有哪些实践的意义，能够提供改进实践的帮助，从中"见贤思齐，见不贤而内自省也"。面向实践还需要投身"虚践"。"虚践"就是把自己想象成场景中的人物，设想："如果是我，我会怎么想""如果是我，要怎么处理效果才会更好"。在《放牛班的春天》里，看到莫昂治画自己的漫画，"如果是我，能不能这样说'见我一面，你就能画出我的轮廓，真不错，老师谢谢你。现在，老师站在这里，给你当模特，你再修改修改，如何？'这样处理效果会不会改变呢？"对于读书，我们不能把"看《三国》掉眼泪，替古人担忧"看成和用作批评，对于电影，我们要提倡和实践"'读'电影得先谋自己未来"。

把"读"电影和读书、行动结合起来。《红楼梦》第五十六回中说："学问中便是正事。此刻于小事上用学问一提，那小事越发高一层了。不拿学问提着，便都流入市俗去了。"电影的语言是形象、艺术的语言，"读"电影得到的知识首先是关于实践的知识；要更专业地"读"电影就需要理论、学问、理性的思维方式和表达。从这种意义上，读书和"读"电影也是理论和实践的互动，它们应该相互补充，彼此可以相得益彰。

《道德经》刻画了闻道以后的三种状态："上士闻道，勤而行之；中士闻道，若存若亡；下士闻道，大笑之。"看电影后是很容易"大笑之"的，专业地读书也好，专业地"读"电影也好，我们都要学会"勤而行之"。改造自身、改造实践，这是读书、"读"电影、读生活、读世界的共同目的。

目 录

认清自我，合理安置
——由纪伯伦的"狐狸"想到的

就教师而言，自我安顿的一个关键问题是职业认同，教师的职业认同包括对教育价值和意义的认同，对教师劳动方式和要求的认同，同时也包含对教师工作的接纳和认同。有了接纳和认同，才能更好地坚守。

　　对于高考志愿，有一种看法是最成功的填报就是高考分数一分都没有浪费，但如果最终选择了他不喜欢的专业，四年的时间和各种投入岂不是更大的浪费？

　　教师影响学生自我认知的主要方式是教育评价，这样的评价可能是语言的，可能是符号的。在和学生交流过程中，教师的言行举止都是学生自我认知的"阳光"。

　　人需要理想，但又不可过分理想主义。从现实的角度讲，每个人都需要为自己的理想留下一点转圜的余地，需要根据现实对理想做出必要的调整。

　　黎巴嫩作家纪伯伦写过一则狐狸觅食的寓言：一只狐狸出门觅食，早晨的阳光照在它身上映出了长长的影子，狐狸欣赏着晨曦中的身影说："今天中午，我要用一匹骆驼做午餐。"骄傲的狐狸四处寻找骆驼，结果可想而知。中午，阳光射在狐狸身上，狐狸再看自己的身影，失去了早上的骄傲，说："也许一只老鼠就足够了。"

　　这则寓言似乎在告诫和提醒人们：人贵有自知之明，要客观看待自己，不要被早晨和中午不一样的影子蒙蔽。但仔细想一想，我们何尝不是那只"狐狸"，谁没有过年轻时的热情和幻想？谁又不是在漫漫人生的磕磕绊绊中调整着人生目标与生活方式？

教师的专业认同与自我安顿

　　狐狸的行为是建立在自我认知的基础上的。我们不讨论狐狸是否有寓言中那样的自我认知，但作为人，需要这样的自我认知乃至自我认同。

　　人能把自己作为认知和安顿的对象，人能改变自己、有所作为。古希腊神话里，半人半兽怪斯芬克斯对人提出这样的谜语："什么动物在早晨用四只脚走路，中午用两只脚走路，晚间用三只脚走路？在所有的生物中这是唯一用不同数目的脚走路的动物，脚最多的时候，正是速度最慢、力量最小的时候。"这是人类自我认识萌芽产生的象征，它意味着人类祖先与其他动物揖别，开始了对

"人是什么"的自我探寻。 而雅典德尔斐神殿的铭言"人啊，认识你自己"，则宣告了人有自我认识的使命和责任。

人在历史中存在，人在社会中生活。 人需要在历史背景中认识自己，需要在社会生活中认识自己。 唐太宗的见解是：以铜为镜，可以正衣冠；以史为镜，可以明兴衰；以人为镜，可以知得失。 美国教育家布鲁纳则说："自我可以——实际上是必须——从'他人'的角度予以界定。"教师认识自己的"镜子"可以是学生时代自己的老师，可以是现实生活中的教师榜样，可以是教育传记、教育作品中的教师，也可以是影像中的教师。 对他们进行观察，一方面可以认识自己、反观自己，另一方面则可以反思、改变自己，"见贤思齐，见不贤而内自省也"。

《左传》中讲了这样一个故事：郑国执政者子皮想让门人尹何去管理封地，贤人子产听说以后，用高明的方法让子皮意识到自己考虑问题不够周到。在看出子产的远见卓识和知无不言的坦诚态度后，子皮把郑国的政事委托给了子产。 郑国在子产的治理下，百姓安居乐业，国力日渐强大。《道德经》说："自知者明，知人者智。"在这个故事中，子皮既有识人之智，又有自知之明，在认识到自己眼界不够宽阔、子产更有能力以后，他把自己安置在于人、于己、于国都有利的位置，实现了人力资源的最佳配置，在历史上留下了美谈。这样的例子也给我们的人生安置提供了一面有价值的"镜子"。

印度的经典哲学著作《奥义书》说："那些崇尚无知的人，陷入蔽目的黑暗；那些热衷知识的人，陷入更深的黑暗。 任何人若是发现和觉悟到这个进入身体深渊的自我，他便是创造一切的创世者，世界属于他，世界就是他。"眼睛向内，认识自己，其目的在于找到自己、安顿自己，让自己的人生充实饱满并富有意义。 美国经济学家西奥多·舒尔茨在《应对处理不均衡状态能力的价值》一文中指出，个人能力多种多样，比如学习能力、有效工作能力、比赛能力等，除此之外，还有一项重要的能力即配置能力，它是指应对经济的非均衡变化，使资源得到优化配置，从而实现价值增值的能力。 在配置能力中，最重要又是自我配置能力。 自我配置能力就是在最恰当的时间把自己安置在最合适的位置上，使自己的个人兴趣和爱好、知识和技能、社会责任和条件得到最优配置，从而最大程度地实现自己，并尽到自己的社会责任，既不好高骛远，也不浪费自己的人生。

网上有这样一个故事：一位女孩的妈妈是低调的亿万富翁，她在女孩大学毕业后拿出一块手表说这是自己父亲传下来的。她让女孩把这块表拿到修表店问问可以卖多少钱。女孩拿给修表店的师傅看了，师傅说："这块表太旧了，只值 30 元钱。"女孩回来告诉妈妈，妈妈说："你再拿到商场的咖啡厅去问一下。"女孩于是又去咖啡厅找老板，老板说："这个表盘很精致，我想用它做个装饰品，我可以出 300 元。"女孩回来向妈妈报告，妈妈听后不紧不慢地说："你再拿去古董店问一下。"古董店老板说愿意出 60 万元，价格还可以再商量。女孩很惊讶，回家向妈妈说了古董店老板的意思，妈妈听后要女儿再拿去博物馆问问。博物馆馆长告诉女孩博物馆愿意出 300 万元征收这块表。女孩兴奋地回家告诉妈妈，妈妈听后告诉女孩："我想并不是想卖这块表，而是想通过这件事告诉你，人与这块表一样，在不同的地方，体现出的价值相差是非常大的，只有了解自己并找对自己的位置才能实现价值！"

就教师而言，自我安顿的一个关键问题是职业认同，教师的职业认同包括对教育价值和意义的认同，对教师劳动方式和要求的认同，同时也包含对教师工作的接纳和认同。有了接纳和认同，才能更好地坚守，因为教育是需要情感投入的。"我为什么要当教师？""我是否适合当教师？""我适合当什么样的教师？""我要当什么样的教师？"这都是教师在人生选择中要认真思考的问题。而在选择做教师以后，教师又要做好时间规划，在最合适的时间做最需要、最有意义的事情。比如，在就职初期，尽快熟悉和融入环境，及早"入格"到位；在成熟时期，又要在研究中"破格"创新；有了"破格"创新的基础，又要尽可能梳理和提出自己的思想、主张，实现自己的创造和超越，使自己的教师生涯更上一层楼。

引导孩子早一点认识自己

人的自我认知不是天生就有的，认知自我本身需要学习，不仅教师需要学习，学生也需要及早地学习，这里以高考升学志愿填报现象来说明。

每年高考分数和各志愿段划线一出来，就会有朋友咨询："我的孩子考了××分，您对学校和专业有什么建议？"对此，我的回应都大同小异："学什么专业，这是您和孩子要商量的事。很抱歉，我实在帮不了你。"而且，我以为专业的志愿指导机构也不能对你提供特别有价值的帮助。因为一是我们不了解你的孩子，二是对于未来要干什么，你的孩子更应该承担思考和选择的责任。

观察今天的教育状况，做父母的也好，做老师的也好，大多都在督促孩子提高答题技能和考试分数，从重点小学到重点初中，从重点初中到重点高中，再从重点高中到重点大学……几乎都没有让孩子看看自己、想想自己的时间。有一种"1万小时理论"，大致是任何人如果想要在某一领域变得十分出色，都需要经过至少1万小时的刻意研究和训练（注意，是"刻意"，而不是"玩儿"，也不是指"完成这项工作"）。也可以说，经过1万小时的刻意研究和训练，他可能会在某一领域表现出色。如果只是因为学校的名气，只是因为不想浪费高考分数，选了一个他并不喜欢的专业，浪费了大学四年的刻意学习、研究和训练实践，孩子也就可能错过了在某一领域表现出色的机会。

我的一位朋友，孩子成绩很优秀，高中毕业考上了四川大学的临床医学专业，读了五年，毕业的时候，孩子对父母说："过去这么多年，我一直听你们的。现在毕业了，我要你们听一次我的了，我不想当医生，我要当老师。"考过教师资格证，孩子在中学当数学教师，兴趣盎然，成绩斐然。谈到这件事，父母很是懊恼，说早知道孩子一心想当教师就不填报医学专业了，如果当时填报一个国内顶尖的师范大学对他未来的发展一定会更有帮助，而且医科大学读五年，师范大学只读四年，还能节省一年时间。

应该说，这个孩子最后的选择是值得赞许的，尽管晚了一些，但他在大学找到了自己喜爱的职业，或者说找到了自己的人生。现实的情况是：很多学生在大学中并未为自己的职业、为自己的人生做出选择，对未来一片茫然。我们以为，这种现象需要引起重视并加以改变，只要有可能，就应该早一点引导孩子认识自己、发现自己，为自己做生涯规划，让自己有满意的生活。

当然，在竞争激烈的教育环境下，奢望学生普遍有充分的自我认知不太现实，学生还需要一个好的高考分数，让自己在专业选择时更加有利。但高考一结束，就应该抓紧时间形成自我认知，知道自己想干什么、适合干什么，找到自己的兴趣，想一想自己能干什么。

转身调整，你会发现另外的风景

《中庸》说："或安而行之，或利而行之，或勉强而行之，及其成功，一也。"现实中，有不少人立志当教师。比如，在苏联影片《乡村女教师》中，刚从学校毕业的瓦尔娃拉是怀着"假如我们真心诚意、耐心地用教育来感化他们成为好人，即使是一个最坏的人也会变的"的信念，自愿到流放犯人的西伯利亚当乡村女教师的。在这里，人们并不重视对孩子的教育，对瓦尔娃拉也非常排斥。但瓦尔娃拉"安而行之"，用几十年的坚守和执着赢得了学生、家长的尊重和爱戴，成为优秀而伟大的教师。

但并非所有的教师都是一开始就将教师作为自己的理想和追求的，有的教师可能"利而行之"，有的教师可能"勉强而行之"……但教育需要爱，有爱和没有爱的教师工作状态与效果是不一样的。从这种意义上讲，无论如何，教师都需要找一找爱教育的理由，需要做出调整。犹如寓言中的狐狸，在看到自己的真实处境和可能性后，选择了调整和改变，不再追求一匹骆驼，而是选择抓一只老鼠。在职业生涯中，大多数教师都需要适时改变和调整，而优秀教师又能通过调整，转身发现教育中的美丽风景。

电影《生命因你而动听》中，有这样一位教师，因为做出调整，人生变得更加精彩。

影片主人公霍兰德不想当教师，初到学校，他对学校教育生活没有任何感觉和兴趣，他不知道如何和同事相处，上课的时候只知道照着教材讲述，也不管学生是否在下面打瞌睡或者做别的事情。这样的状态，教学效果可想而知。放学铃声响起时，他总是第一个离开学校。校长批评他："放学后，没有谁比你更快地到停车场，这远远超过你的教学热诚，你更适合当田径教练。教师有两项任务，一是传授知识，二是给学生指引方向，以免知识被误用。在给学生指引方向上，你很失败！"

回到家，在向妻子抱怨时，他听到了妻子怀孕的消息。这一消息使他冷静下来，他意识到自己不能任性，不能辞职。 回顾生活，他想起自己曾经不喜欢音乐，但在多次听唱片过程中，他找到了对音乐的感觉，找到了对音乐的热爱。 他意识到，这是一种方法，自己可以做出调整，改变对教育的理解，培养对教育的热爱。 由此，他开始尝试并致力于人生的改变。

教育态度的改变带来教学方式的转变，教学方式的转变带来教学效果的改善，由此也带来人生体验的改变。 当霍兰德再次回到家中时，已经不再是怒气冲冲，而是兴高采烈。 他和妻子分享："同学们争相发言，真好玩。 课堂上很热闹，这样的教学很过瘾。"工作的顺心使他对未来的生活有了信心，他对家庭生活也有了更加美好的憧憬和规划。

影片结尾，霍兰德先生回顾自己的变化："对于教育，当初闹着说不干。 如今却成了我唯一想做的事。"退休的音乐会上，他曾经教过的学生对小镇的居民说："霍兰德先生对我的一生有着深远的影响，对我们许多人的一生也是这样。 他或许认为自己的大部分人生都是虚度的，据说他经常在写自己的交响乐——那些可以令他功成名就的交响乐，但是除了在我们这个小镇，霍兰德先生并没有成名，也没有发达，所以不难理解他的失望。 但是他错了，他的成就远比名利更伟大。 环顾你的周围，这里没有一个人不曾受到你的影响。 因为你，我们才成为更好的人，我们就是你的交响乐！ 霍兰德先生，我们就是旋律，我们就是你生命的乐章！"在指挥同学们演奏的舞台上，霍兰德先生享受到了极致的幸福！

霍兰德的改变给了我们这样的启示：人是有主观能动性的，人不仅能认识自己、安置自己，也能适应环境调整自己、改变自己。 作为教师，如果你愿意，你也可以做出这样的调整与改变，你也会发现新的风景，并拥有新的工作状态和人生幸福。

教师要当好学生自我认知的"阳光"

人是在他人的目光和评价中形成和发展自我的。 我们将自己投身于社会环境中，投身于人群中，与环境作用，与他人交流。 在与环境作用和与他人交流中，我们不仅获得对环境和他人的"理解"，也获得环境、他人对自己的评价，从而"理解"自己，在"理解"自己时，同时获得自我认知，寻求自我发展。

狐狸是通过阳光认识自己的，学生也需要借助他人、他物和相关事件认识自己。在帮助形成自我认知的对象中，教师无疑是最为重要的。教师影响学生自我认知的主要方式是教育评价，这样的评价可能是语言，也可能是符号，在和学生交流过程中，教师的言行举止都是学生自我认知的"阳光"。

教师对学生的评价何以重要？与成人间相互评价比较，教师对学生的评价有以下特点：首先，接受评价的对象是成熟度较低、自我发展水平较低的学生，他们缺乏自我认识和自我评价能力，因此外界的评价对他们的自我发展影响更大。其次，在师生的关系角色中，教师是"权威"的专业人员形象和"社会代言人"的角色，教师的评价往往被学生和学生家长视为"权威"的评价，容易被学生（乃至学生家长）认同和采信。最后，每个教师身后都有一群学生，教师的评价往往影响着同班同学乃至更大群体的评价，这样就容易形成一个相对一致的评价氛围，形成时刻影响学生成长的环境。我们熟知的"罗森塔尔效应"说明教师评价对学生的巨大影响。从这种意义上讲，教师的评价很容易对学生产生"说你行你就行不行也行，说你不行你就不行行也不行"的效果。作为教师，我们不会刻意去伤害学生。但我们却可能在不经意间改变着学生的成长环境，使学生的心灵受到影响，由此改变人生……

当好学生自我认识的"阳光"，教师首先要尽量给学生积极的评价，尽量让学生觉得他"行"。正面积极的评价有利于学生形成积极的自我认知，如果一个学生经常收到负面评价，就容易形成消极的自我认知，消极的自我认知又会导致学生的自我期望降低，这样循环下去，获得差评的学生就只会越来越差。面对学生的不积极和越来越差的表现，教师又会给更低的评价，其结果可能是学生的自我贬损、破罐子破摔，从而形成恶性循环。古人说："数子十过，不如赞子一功。"好孩子不一定是夸奖出来的，但孩子的自信心一定是在鼓励中培养出来的。因此，自己的学生，无论别人如何看，当教师的都要尽可能信任他、鼓励他、拥抱他，让他对自己有信心、对未来有希望。

给学生以积极、鼓励的"阳光"需要回归"育，养子使作善也"的教育初心。教育是为了学生的善好，是为了立德树人；教育的方式要符合"善"的道德，也就是方式和手段要符合规范，要尊重学生人格；教育目的是要使学生进步、丰富和完善。 同时，善的教育力量又来源于教师的"真"，无论是鼓励还是批评，教师应该出于真心的关怀，采用真诚的方式。 曾经听一所学校介绍研究成果，说学校里一位名师如何把学生往天上夸。 笔者提出了这样的问题："当这位名师在夸学生的时候，教师自己是否相信？ 学生听完他的夸赞，会有什么样的感受？ 如果说的人自己不相信，说出来时可能缺乏真诚，而听的人就知道这是假话，受评价的人就可能认为自己成了被取笑的对象，心里反而不舒服"，结果可能适得其反。 教师出于真诚、真心，表达出真挚和真切，才更容易达成"养子使作善也"的目标。

教育评价要更多地关注参与态度与方法

"你真棒！"这是评价人的。"你的答案非常正确！"这是评价结果的。"某某同学在认真倾听同学发言，表现很好！"这是评价行为和过程的。 想一想，学生听完"你真棒"以后有什么想法？ 听完"某某同学在认真倾听同学发言"会有什么变化？

就评价而言，对学生参与的评价要注意从关注结果转向关注参与态度和行为。 提出这样的主张，是基于从幼儿园走向小学、中学，再到大学课堂学生举手现象的明显变化。

在幼儿园，小朋友面对老师提出的问题，通常是身体尽可能向老师面前靠，小手伸得长长的并不断晃动，嘴里大声嚷着："老师，我来！ 我来！"举起的小手密密麻麻。 这可以看成"生机勃勃的森林"。

进入小学，老师要求举手时"左手放在背后，右手手肘放在桌上举直"，这使许多小朋友受到限制，但举起的小手依然很多，缺乏生机却也还是"森林"。

到小学高段、初中，"森林"开始演化，大多数学生不再举手，举手的只是一小部分学生了，有人形容这是"稀疏草原"。

高中阶段的课堂上，则几乎看不到学生主动举手要求回答问题，教室里没了主动举起来的手，当学生被老师点名叫起来时，被叫者慢慢吞吞、很不情愿。 这时，教室里已经没有生气，变成了"荒漠"。

课堂上主动举手，实质是主动精神和探索精神的体现。 为什么学生学习的主动精神和探索精神越来越弱呢?

这种变化,不能完全归咎于学校教育和教师。 因为人的成长受多种因素影响,比如我国传统文化倡导内敛,反对个性张扬。 "君子欲讷于言而敏于行" "三缄其口,沉默为金"是我们的文化传统。 在这种文化背景中成长,我们不敢奢望学生举手的"生态景象"永远是"生机勃勃的森林"。

但将举手变化的原因,完全归咎于社会、文化也是片面的,而且是不负责任的。 认真研究课堂上学生举手的变化,我们得承认:很多时候,学生的主动精神和探索精神在被一点一点扼杀,我们在破坏举手的生态。 请想一想:在学生回答问题的时候,我们在关注什么?

很多时候,我们关注学生的回答是不是我们期望的答案。 也就是说,对于学生举手回答问题,我们关注、评价的不是他们积极思考、主动探索的过程,而是他们的回答,关注的是他们回答问题的质量。 但是不同的角度看问题必然会有不同的结果,教师和学生的答案必然有差异;教师相对学生是成熟的,而且在备课中是有准备的,学生则是在成长中的,他们没有预习不可能有很好的准备。 因此,学生的答案与教师的标准比较,总显得不够完善。 对于不完善的答案,课堂上一些老师选择了补充,一些老师是令学生"坐下",还有一些老师则选择训斥和责难学生……

这样的关注和评价可能带来什么后果呢? 有人做了一个有趣的实验:在玻璃箱中放入一只青蛙,这只青蛙能够很轻易地跳出玻璃箱;如果把玻璃箱口用透明玻璃盖住,开始的时候,青蛙尚能奋力上跳,但每一次都有玻璃挡住,过一段时间,把箱口的玻璃拿掉,这时,青蛙已经跳不到箱口的高度了;如果不断地将玻璃的高度降低,青蛙上跳的高度越来越低,最后,这块玻璃将青蛙训练成了"爬虫"。

我们也许可以这样假设:同学们参与的天性、求知的渴望就如青蛙天生的跳跃能力,我们的教育本应成为推进器和加油站,使他们跳得更高;但是重结果、轻过程,缺乏主动精神、探索精神的课堂教学就像不断向下移动的"玻璃",压制的结果是学生失去学习热情和主动性。

教师要对学生实施积极务实的理想教育

　　早上，太阳刚升出地平线，狐狸的影子又长又大，狐狸准备抓一匹骆驼当午餐，这是狐狸的理想。 人生也需要理想，理想不一定会变为现实，理想可能也不会在短时间内就实现，但理想使人追求，使人坚持，使人超越。 宋代哲学家张载说过"志大，则才大，事业大；志久，则气久，德性久"。 幸福是人在实现自己理想愿望时产生的愉悦感，人有理想，经过努力实现了理想的满足状态是幸福的一种表现。 可以说，追求理想、实现理想的过程也就是追求和实现人生幸福的过程。 教师要有对未来的理想、培养学生的理想、课程与教学理想……同时，教师还承担着对学生进行理想教育的任务。

　　理想教育意味着首先要鼓励学生志存高远。"少年心事当拿云"，犹如早上刚出门的狐狸，少年儿童不妨多一些雄心壮志，不妨多一些干云豪气，不妨多一些蓬勃朝气，所谓气可鼓而不可泄。 一如梁启超先生在《少年中国说》中所展望的：红日初升，其道大光。 河出伏流，一泻汪洋。 潜龙腾渊，鳞爪飞扬。 乳虎啸谷，百兽震惶。 鹰隼试翼，风尘翕张。 所谓"法乎其上，得乎其中；法乎其中，得乎其下"。 少年儿童更需要胸有朝阳，意识到路在前方，然后持之以恒，或可有大成。 在英国伦敦的威斯敏斯特教堂，有这样的无名碑文："当我年轻的时候，我的想象力从没有受到过限制，我梦想改变这个世界。 当我成熟以后，我发现我不能改变这个世界，我将目光缩短了些，决定只改变我的国家。 当我进入暮年后，我发现我不能改变我的国家，我的最后愿望仅仅是改变一下我的家庭。 但是，这也不可能。 当我躺在床上，行将就木时，我突然意识到：如果一开始我仅仅去改变我自己，然后作为一个榜样，我可能改变我的家庭；在家人的帮助和鼓励下，我可能为国家做一些事情。 然后谁知道呢？ 我甚至可能改变这个世界。"这样的碑文说出了人生的真相，但年轻的时候谁没有一点雄心壮志？ 没有一点雄心壮志的人生又是多么乏味、无聊？

　　在鼓励学生志存高远的同时，教师也要引导学生认识自己、认识社会。 正午，狐狸从影子中看到了自己的本来面目和条件，调整了捕食目标。 人生需要这种调整吗？ 答案是肯定的。 人需要理想，但又不可过分理想主义。 从现实的角度讲，每个人都需要为自己的理想留下一点转圜的余地，需要根据现实对理想做出必要的调整。 如果不考虑自身条件、不顾现实可能，一味追求某个不能实现的理想，这样的理想就不是理想，而是一种害了"理想病"的幻想。

　　一个值得讨论的案例是电影《死亡诗社》中的尼尔之死。 尼尔受到基廷老师的影响，找到了演戏的人生理想，这本是一件可喜的事。 但尼尔就此患上了"理想病"——"演戏是我的一切"。 在看不到父母对自己理想的接纳和支持，认定自己的理想一定会破灭后，尼尔没有找到其他的存在意义和价值。 反思其中的教育影响，我们认为，基廷作为教师，在教学内容的选择上偏重浪漫和理想无可厚非，但生活中除了理想还有现实，没有引导学生应对现实、适应现实，学生的生活有可能举步维艰，最后钻进"死胡同"。 教育要教人发现自己、走自己的路、实现自己，展现人的个性；同时也要教人认识现实、接受现实、改造现实，实现人的社会化，根据社会现状和发展趋势做出必要的妥协与改变。

（陈大伟，袁豪）

教育不简单
——《滥竽充数》中的人性观念与教育敬意

如果教师对教学漫不经心，满足于一知半解、浅尝辄止，怎么可能引领和帮助学生？

教师的劳动对象是活生生的人，人的生命只有一次，生命的流逝是单向不可逆的。在教师职业生命的历程中，一位学生可能是所教学生的"千分之一"，但就学生这一段生命历程看，它就是"百分之百"。

教师的工作是对学生的工作，教师行为背后是对学生的理解，对学生和他们的需求、愿望、行为的不同看法，导致教育思想和教育行为的根本区别。

《滥竽充数》的寓言来源于《韩非子·内储说上》：

> 齐宣王使人吹竽，必三百人。南廓（郭）处士请为王吹竽；宣王说（悦）之。廪食以数百人。宣王死，湣王立；好一一听之；处士逃。

大意是说战国时候的齐宣王喜欢听吹竽，喜欢热闹的他每次都是欣赏300人演奏。不会吹竽的南郭先生知道后便请求为齐宣王吹竽，齐宣王很高兴，发给他同其他人一样多的俸禄。齐宣王死后，齐湣王继位，湣王喜欢乐师一个一个地演奏，南郭先生发现自己不懂装懂的行为将要败露，连忙逃走了。

围绕《滥竽充数》，我们一起讨论以下问题。

《滥竽充数》应该教什么

笔者曾经观察过一节《滥竽充数》教学课，这位老师在教学导入以后，先进行识字教学，然后是学生读课文。读过几遍课文，老师让学生讨论"南郭先生是怎样滥竽充数的"梳理故事，接着用想一想"读了这个故事，你明白了什么道理"引导学生理解寓意。关于故事的道理，主要是让学生明白"做人要有真才实学才行，不能不懂装懂"。课堂教学基本上中规中矩，大多数小学老师也都这样教。

课后议课，这位老师说："我觉得这个寓言很简单，用不着花太多的工夫。学生读一读，明白'做人要有真才实学才行'的道理就行了。"对三年级学生而言，课讲得太深、太复杂，学生不易理解。但这位教师对教材和教学内容的态度使笔者充满担忧：如果教师漫不经心，满足于一知半解、浅尝辄止，怎么可能引领和帮助学生？

于是，笔者问了授课教师几个问题："为什么南郭先生能滥竽充数？""滥竽充数的责任只在南郭先生吗？""作者写这篇文章的目的到底是什么？""这篇文章的寓意我们真的读懂了吗""韩非子有什么样的人性观念与管理偏好？"对这些问题，执教和参与的老师都说不出所以然来。大家意识到，教学活动不简单，不能轻易对教育教学的内容与活动说"简单"。

笔者以为，教师对文本的阅读有三种：一是作为普通人的阅读，认真把文本读懂，读出文本里面有什么、作者要传递和表达的东西有哪些；二是站在学生的角度，读出文本的教育意义，理解文本对学生发展的价值，从中找出对学生更有意义的教学内容来，读出文本的教育意义需以第一种阅读为基础，要在文本的可能意义中选择；三是教学阅读，要结合文本读出教学中的处理方法。

作为普通人的阅读，有一种方法是知人论世。"知人论世"来自《孟子·万章下》："颂其诗，读其书，不知其人可乎？是以论其世也。"其意是要"知人"，就需要了解他所处的时代；也可以说，要更好地理解作者的作品，就需要了解作者这个人，也要熟悉他所处的时代。

"知人"意味着要尽可能了解作者的经历、人生际遇以及由此形成的人生观念、价值观念、文学乃至政治观念。《滥竽充数》的作者韩非子师从荀子，荀子是主张人性恶的代表人物，"人之性恶，其善者伪也"。认为"好利"出于人的本性，"今人之性，生而有好利焉"（《荀子·性恶》）。韩非子光大师门，是法家思想的集大成者，也以人性恶为论政基础，他说："好利恶害，夫人之所有也。"（《韩非子·难二》）应该说，对于出自人本性的行为，我们都不必苛求和责备。南郭先生"有便宜就占，有问题就跑"的表现出乎人性，应该不是韩非子批评的主要对象。

从论世的角度看，韩非子身处的战国时代，时局动荡、风云际会，有志之士都期待入身朝堂。实现自己的政治抱负与理想的途径就是"学成文武艺，货与帝王家"。韩非子为了争取重用，向君主表达自己的政治主张、展现自己的才干，写了这篇文章。因此可以说《滥竽充数》这个故事不是给老百姓看的，主要是给君主看的，是要劝谏君主的。看看故事中两位君主，"齐宣王使人吹竽，必三百人"，这是一种用人的制度和方式，结果是南郭先生一直在"充数"；潛王来了，换了一种用人制度，"好一一听之"，南郭先生混不下去了，只好选择"逃"。 这里的对比，表现出的正是韩非子建立赏罚制度管理社会、改造人的行为的法家的政治主张。

从这种意义上讲，《滥竽充数》的原初寓意是：老百姓都是趋利避害的，君主的喜好以及根据其喜好形成的管理制度会让老百姓有不同的选择；当政的君主要建设一个良好的选人用人、体现人的本领、发挥人的积极性的制度。

作为普通人的阅读，在读出原初寓意后，我们需要从中进行教学选择。 我们以为，在教过字词句段篇、故事以后，当然还是要让学生明白"做人要有真才实学，糊弄别人终究是混不下去的"。 这不仅因为其寓意已经约定俗成，而且理解这样的寓意，也有利于学生的成长和进步，有利于他们学习本领应对未来生存和生活的挑战。 但在完成这样的教学以后，如果学生学有余力，教师就应该引导学生分析与理解故事的原初寓意，意识到制度建设的重要性，从而培养学生关心社会、参与政治生活的意识，培养公民的责任感。

在教学实施中，三年级学生可能对原初寓意的理解存在很大困难。 但教师可以结合班情，用儿童化的语言介绍学校制度管理的重要性，或者让儿童探讨一个班级如何制定出让学生能自觉遵循、自我管理、自主参与的班级管理制度，让学生在体会"做人需要真才实学"的寓意后，再"跳一跳"摘到不一样的"桃子"，从一篇寓言中领悟更多的东西。

对于教育，教师需要心怀敬意

基于这次教学观察和讨论，我们要说教师不要轻率地认为"教学内容很简单"，做教育的人，对教育内容、教学方法都要心存敬意。

梁启超先生认为："凡做一件事，便忠于一件事，将全副精力集中到这事上头，一点不旁骛，便是敬。"敬是热爱，敬是尊重，敬是敬畏，敬是高度负责的表现……传说在尧帝舜帝时期，就有了管理和教育学生的"司徒"。 史料记载，舜曾经对契这样说："契，百姓不亲，五品不驯，汝为司徒，而敬敷五教，在宽。"（《尚书·舜典》）"敬"是对教师职业态度的要求；"敷"是传播、流布的意思，这是对教师责任和使命的要求；"五教"是五种主要的社会人际关系（父义、母慈、兄友、弟恭、子孝），这是对教育内容的规定。对教育"敬"，这在教师这个职业诞生之时就成为其内在要求了。德国哲学家雅斯贝尔斯强调：教育，不能没有虔敬之心，否则最多只是一种劝学的态度。

为什么需要敬呢？我们似乎可以找到这样一些理由：第一，教育是"农业"不是"工业"，教师的劳动对象是活生生的人。怀着敬意做教育，会少一些后悔和遗憾，少一些良心不安。第二，教育要为未来生活做准备。这就意味着如果教师用昨天的理念和方法来教今天的学生，可能会影响和伤害学生的明天。教育不仅关涉个人幸福，而且影响社会和谐与发展，影响文化延续和传承，是属于社会、民族、文化的大事，因为事关重大，影响深远，所以对于教育，我们要勤勉、努力。第三，教育本身有规律，是科学，不能仅仅凭经验、凭感觉，它需要我们研究规律、认识规律、把握规律、尊重规律、遵循规律。第四，教育是艺术，学生是教育情境中最活跃的因素，教育实践中的学生有着多种发展需求，学生是千姿百态的，学生又处于不断发展变化中……因为有了学生，教育的实践情境复杂而多变，在复杂多变的教育情境面前，我们既不能任性胡为，又不能墨守成规，需要因人、因时不断改进和创造。

教育行为的根子在你怎么理解学生

韩非子的法制主张背后是人性恶的观念。英国哲学家大卫·休谟在《人性论》中说："显然，一切科学和人性总是或多或少地有些关系，任何学科不论似乎与人性离得多远，它们总是会通过这样或那样的途径回到人性。""任何重要问题的解决关键，无不包括在关于人性科学中间：在我们熟悉这门科学之前，任何问题都不能得到确实的解决。""说明人性的原理……也正是一切科学唯一稳固的基础。"人性研究是对人的一切（科学、道德或宗教）研究的基础。人性观念对了，行为也就可能对了；人性观念不对，做出的事情就可能南辕北辙。以法国电影《放牛班的春天》为例，马修老师的行为背后有人性善的人本主义观念，而在哈森校长身上我们看到的是人性恶的行为主义观念，不同的人性观念带来了不同的教育和管理行为，最后收获了不同的教育效果。可以说，教育行为的根本就在于你怎么看人，怎么认识人，怎么理解人。

关于人性，一般来说，牵涉两个最根本的问题：一是人究竟有没有本性，二是人的本性是固定不变的、永恒的，还是在不断变化，可以改造的。关于人的本性，我国古代大致有性善说、性恶说、善恶混的不同观点。笔者理解，就教育来说，除了上述两个问题，还涉及"什么样的人性对人以及人类更有意义和价值，更值得和需要教育成就""教育如何依据和利用人性""教育如何促进和实现人性的发展和改善"等问题。

孟子是性善论的最重要的代表。他认为，人是有本性的，人的本性不仅是善的，而且几乎是至善的，他的观点是"恻隐之心，人皆有之；羞恶之心，人皆有之；恭敬之心，人皆有之；是非之心，人皆有之。……仁义礼智，非由外铄我也，我固有之也"（《孟子·告子》）。在具体方法上，孟子在性善论的基础上提出了"尽心""尽性""养心"的修"习"方法，也就是发扬先天善性，以保住善心。孟子强调人是道德的主体，主张发扬"仁"心，进而外化到"仁政"。孟子对人性的乐观态度和强调人是道德主体的认识对今天的教育无疑具有极大的启示作用。性善说，认为每个人都有一颗成为好人的心。作为教育工作者，我们更应该对学生先天的"善"性抱有更多的信心和希望。我们只有坚信学生想改变、想成为好人、想有出息、能够成长，"诲人不倦"才有动力和基础，对工作才不至于失去希望和信心。教师只有对学生的"善"性抱有信心和希望才可能尊重学生，才可能对学生投入感情。

荀子则是主张"人性恶"的代表，他认为："今人之性，饥而欲饱，寒而欲暖，劳而欲休，此人之情性也。""人之性恶，其善者伪也。"（《荀子·性恶篇》）因为人性是恶的，所以后天修习（包括教育）的主要任务是对"恶"的人性进行改造。人性又是可变的，"人能思虑"，能够"化性起伪"。因此荀子着眼于社会教化、法制对个性的约束和限制，强调"礼"与"法"等社会功能和社会制度的权威，强调它们对个体道德的制约作用。"蓬生麻中，不扶而直；白沙在涅，与之俱黑。"（《荀子·劝学》）荀子的观点对改善教育环境、加强制度建设具有积极意义。从性恶说中借鉴智慧，我们应该意识到，人总是有这样那样的问题，我们需要理解和宽容有问题的学生，教育的使命就在于通过创造良好的教育环境，建设良好的校风、学风，乃至教风和家风，以环境育人，帮助学生改变身上的弱点。

与孟子争论的告子则认为："性犹湍水也，决诸东方则东流，决诸西方则西流。人性之无分于善不善也，犹水之无分于东西也。"（《孟子·告子上》）另外一位扬子的观点是："人之性也善恶混。修其善则为善人，修其恶则为恶人。"（《法言·修身》）它不仅肯定了后天教育的作用、环境的作用，而且隐含着教育是双刃剑，好的教育成人，坏的教育毁人的观点。做教育的，需要研究和实践好的教育，防止坏的教育，抵制反教育的行为。从善恶混的学说中，我们还应该知道，人是复杂的，也是变化的，我们需要以复杂的视角来理解学生，用发展的眼光看待学生。

我们注意到，尽管对人"性"善恶的认识不同，但都认为人性可以改变、重视后天的修"习"。比如，孔子认为"性相近，习相远"（这里的"性"是先天禀赋，是与生俱来的先天素质，"习"是后天经过学习所获得的素质），也就是说人的先天禀性没有太大差异，人的差异主要源于修"习"的不同；孟子说"人人可以为尧舜"；荀子说"涂之人可以为禹"……人性是可变的，这为后天的学习和教育留下了空间，使教育有了存在意义和价值。

马克思有一句名言："人的本质不是单个人所固有的抽象物，在其现实性上，它是一切社会关系的总和。"[①]因为人的本质不是"单个人所固有的抽象物"，所以，我们需要从"社会关系"的总和中去理解人。教育要充分地了解学生，了解他的家庭，了解他的受教育经历，了解他的生活环境，接纳存在差异的学生，因材施教。

人又是自然因素、社会因素和精神因素的统一体，我们应该从人的需要的角度去认识和理解人的复杂性和整体性。教育需要在教育的过程中全面了解学生的需要，使学生全身心地参与学习，得到全面发展和个性张扬，引导学生过完整幸福的生活。

马克思还说："一个种的全部特性、种的类特性就在于生命活动的性质，而人的类特性恰恰就是自由的自觉的活动。"[②]自由的自觉的活动是人的本质特

---

① 《马克思恩格斯选集》第 1 卷,139 页,北京,人民出版社,2012。
② 《马克思恩格斯选集》第 42 卷,96 页,北京,人民出版社,1979。

征，人有能动性和创造性，教师需要尊重学生自我改造、自我发展的愿望，激发他们的学习热情和兴趣，鼓励他们发挥想象，鼓励他们创造。

教师要相信"每个人都有一颗成为好人的心"

作为教师，我们以为应该相信"每个人都有一颗成为好人的心"。

常常听到一些中小学教师对自己学生的抱怨，说他们基础差，说他们不喜欢学习，说他们不听话……似乎他们教的是天下最调皮的学生。初一听，满是理解和同情，多听几次，不由使人怀疑，因为从他们口里，很少听到对自己的不满，也很少听到自己的改进和努力。其实，在不变的学生背后站着的是不变的老师，但学生没有话语权，传出来的就是学生的种种不行。

孟子说："爱人不亲，反其仁；治人不治，反其智；礼人不答，反其敬。行有不得者，皆反求诸己。"（《孟子·离娄上》）他的意思是：我爱别人而别人不亲近我，应反问自己的仁爱之心够不够；我管理别人而未能管理好，应反问自己的知识能力够不够；我礼貌地对待人而得不到回应，要反问自己态度够不够恭敬；任何行为达不到预期效果，都应反躬自问，好好检查自己。读了孟子的话，我曾经给一些朋友建议，能不能先不抱怨学生，先反省反省自己、改变改变自己？朋友们说："我改变了呀，比如我采用了××方法，可是没有效果。"看来，方法和手段的改变是重要的，但仅有方法和手段的改变远远不够，我们需要从根子上反省，从观念上改变。首要是改变什么呢？我认为是心态。

苏霍姆林斯基说："每个人都有一颗成为好人的心。"这很有必要成为教师的共同信念。

是否信任学生是装不出来的。孔子说："视其所以，观其所由，察其所安。人焉廋哉？人焉廋哉？"（《论语·为政》）你内心是信任学生的，学生必定能感受和体验到；相反，如果你内心并不信任学生，只是装得信任学生，学生一定能够觉察。发自真心、出自真诚的对学生的爱和热情，是教师教育影响力的根本来源。

彼此信任，彼此心灵相通对于教育极为重要。我们可以说，当学生认为你尊重和爱他时，你的批评被学生理解成关心和帮助，你的表扬被认为是肯定和鼓励；相反，当学生没有接纳你时，你的批评可能被学生理解成歧视和"挑刺"，而你的表扬则被认为是讨好和利用。想一想，如果是后一种情况，你怎么可能在教育活动中收获愉快？你怎么可能收获教育的果实，品味教育的甘甜和芬芳？所以，教育的根本问题不是技术问题，而是教师对学生真诚的信任与期待，是教师人格对学生的感动和影响。

幸福是一种能力，人生要有真本领

南郭先生为什么混不下去了？因为没有真本领。生活需要真本领，教师也需要真本领。在美国电影《蒙娜丽莎的微笑》中，有这样的片段。新老师凯瑟琳·沃森第一次上课，她放出第一张幻灯片，开始讲课。

"人类从诞生之日起就有一种进行艺术创作的冲动。哪位同学知道这幅画？"

一个学生回答："《受伤的野牛》，西班牙史前壁画，大约创作于公元前一万五千年。"

"很好。"凯瑟琳说，"尽管这些画年代久远，可绘画技巧却相当娴熟。"

"因为明暗效果和勾勒线条都恰到好处。对不对？"刚才的学生接着说。

"对，非常正确。"凯瑟琳说着放出第二张幻灯片，"这幅也许你们不太熟悉，考古学家发现它的时间——"

另一学生接过话头："1879 年，它创作于公元前一万年。出色之处在于描绘动物动态的流畅线条。"

同学们的笑声让凯瑟琳有点难堪，她只好说佩服并问："你叫什么？"

"伊丽莎白·沃伦。大家都叫我贝蒂。"

"很好，贝蒂的回答很正确。"凯瑟琳说话已经没有了底气，"不能因为某些东西古老就想当然地认为它们原始。举个例子，请放下一张。"

在第三张幻灯片投放出来后，第三位同学准确流畅的回答让凯瑟琳无法继续。她问同学们："你们以前有谁选修过艺术史？"

"没有。"同学们异口同声地回答。

听完后，凯瑟琳说："继续，下一张。"

后面第四、第五、第六……几位同学都迅速、准确地说出了它们的名字及创作年代。

凯瑟琳准备的内容没有了。这时，她问："有多少人把整本书都读完了？"全班同学都举起了手，有的同学还补充说已经把推荐的补充读物都读完了。

在凯瑟琳说过"你们确实很用功"后，一个学生说："如果你没有别的可教，我们可以去自修。"

没等凯瑟琳做出回应，学生们全都走出了教室。和南郭先生一样，凯瑟琳只好无可奈何地收拾起东西自己走出教室。

做教师的，要想不被学生"抛弃"，就不能不修炼和提升自己的能力。所以光有爱是不够的，足够的专业知识与过硬的教育教学能力也是教师赢得学生尊重和信任的重要条件。正是从这种意义上，我们特别愿意和大家分享赵汀阳在《论可能生活》中的观点："幸福是一种能力。"

写作本书期间，新冠肺炎疫情正在全球肆虐。"停课不停学"，进行在线教育成为教师必备的技能，在线教学、慕课（MOOC）、教学交互平台给绝大多数教师都造成了适应困难，教师们又得进行适应新的技术要求的本领修习。

变是这个时代的重要特征。身处以人工智能、生物工程、信息技术等技术为主要特征的后工业革命时代，变化是急剧、深刻和全面的。根据麦肯锡全球研究院的研究，预计在未来几十年中，全球4亿~8亿人的工作可能会被自动化取代，其中教育服务行业也仍有27％的自动化潜力（即被人工智能取代的风险）。"宣王死，湣王立；好一一听之"是一种变，南郭先生不能适应变，只好选择"逃"；今天，社会已经对传统教师的观念、角色、地位以及师生关系等提出了新的要求，我们是不是应该想一想：在新的教育形势和技术变革的时代，明天我的早餐在哪里？

选择告别有时也是一种负责

也有人认为，南郭先生虽然是庸才，但是在食俸之路断了之后并没有赖着不走或发泄怨恨，而是悄然离去、全身而退，这也是一种负责。这自然也算一解，这一解或许对我们可以有另外的提示：万一到了那一步，还是平心静气地接受规则吧。在这一点上，电视连续剧《小欢喜》里方圆的选择值得参考：

方圆尽管是学习法律的，可是他说翻起法律文书就是没有兴趣、就头昏脑胀。他工作时也算踏踏实实，但就是没有自己的主动性和创造性，因为对工作没有热情，他的时间和兴趣都在花卉、游鱼、蝈蝈上。后来方圆被解聘，这时的方圆没有抱怨，在意识到自己的兴趣不在法务后，开始了新的人生。

就教师而言，如果我们有一天清晰地意识到，自己站在讲台上已经无法为学生成长提供帮助，留下来只会误人子弟，或者发现自己终究无法热爱教育，这时选择离开也是另一种负责。这是对学生负责，也是对自己负责。

如果发现同事在弄虚作假，你会怎么办？

在《滥竽充数》中，你认为南郭先生的同事（乐师们）是否知道南郭先生在"充数"？

问了一些朋友，有的说同事们肯定知道，只是没必要较真；有的说同事那么多，不是所有人都知道……现在较一下真，假定身边的乐师知道南郭先生在充数，你赞同"各人自扫门前雪"的做法吗？如果你发现同事在弄虚作假，你会怎么办？我们应该怎么办？这个问题还可以拓展到你发现了学生滥竽充数，身为教师的我们又该怎么处理？

在影片《放牛班的春天》中，校长室的10万法郎被偷，校长和警察都认为是蒙东偷的。因为受到偷盗的指控，蒙东被投进监狱。后来马修发现，这钱根本不是蒙东偷的，便将真实情况报告校长，校长知道警察将在第三天将蒙东送到某个监狱，但他并不去反映和纠正，反而认为："就算不是蒙东干的，他迟早会干的，这种人无可救药。"马修提出反驳："如果我们纠正了，至少还有正义。"校长却说："正义就是现在他得到了应有的惩罚。"马修没有继续坚持纠正校长的错误。后来蒙东从警察手中逃脱，报复性地纵火烧掉了学校，马修被解聘，校长被解职，造成了几败俱伤的结局。

这个教训告诉我们：知道真相后，提前善意地告知当事者、提醒当事者，也许可以促进当事者改变，避免事情变得不可收拾。这算我们提供的一种选择。

（陈大伟，李成彬）

从《小马过河》看教育如何知与行

比较而言，我们现有的教育以"学"的传授偏多，以"习"的方式实践偏少。重温《小马过河》的故事，可以帮助我们做出思考和调整。

你会背"乘法口诀"了，你会不会觉得读幼儿园或者一二年级的孩子怎么教"乘法口诀"他都记不住？当你有了某种知识、有了某种技能，你就会中这种知识和技能的"诅咒"。

教师不能囿于自己的经验，小看学生未来的发展。教师要有引导孩子去过比我们更好的生活、去超越我们今天的生活的意识和努力。

学生需要的大多不是要动脑子的要求，而是如何动脑子的帮助；教师不能只是要求学生学会思考，更需要指导和帮助学生学会如何思考。

生活与教育的结论同样是：它不像那些优秀教师说的那般容易，也不像那些处于困境中的教师所说的那样不堪。你有你的情况，教育的"河"需要你自己去"过"。

《小马过河》是彭文席先生于1955年创作的一篇寓言，被选入多个版本的小学语文教材，是老师和同学们眼中益智启蒙的经典之作。

马棚里住着一匹老马和一匹小马。

有一天，老马对小马说："你已经长大了，能帮妈妈做点事吗？"小马连蹦带跳地说："怎么不能？我很愿意帮您做事。"老马高兴地说："那好啊，你把这半口袋麦子驮到磨坊去吧。"

小马驮起口袋，飞快地往磨坊跑去。跑着跑着，一条小河挡住了去路，河水哗哗地流着。小马为难了，心想：我能不能过去呢？如果妈妈在身边，问问她该怎么办，那多好啊！可是离家很远了。小马向四周望望，看见一头老牛在河边吃草，小马"嗒嗒嗒"跑过去，问道："牛伯伯，请您告诉我，这条河，我能趟过去吗？"老牛说："水很浅，刚没小腿，能趟过去。"

小马听了老牛的话，立刻跑到河边，准备过去。突然，从树上跳下一只松鼠，拦住他大叫："小马！别过河，别过河，你会淹死的！"小马吃惊地问："水很深吗？"松鼠认真地说："深得很哩！昨天，我的一个伙伴就是掉在这条河里淹死的！"小马连忙收住脚步，不知道怎么办才好。他叹了口气说："唉！还是回家问问妈妈吧！"

小马甩甩尾巴，跑回家去。妈妈问他："怎么回来啦?"小马难为情地说："一条河挡住了去路，我……我过不去。"妈妈说："那条河不是很浅吗?"小马说："是呀! 牛伯伯也这么说。可是松鼠说河水很深，还淹死过他的伙伴呢!"妈妈说："那么河水到底是深还是浅呢? 你仔细想过他们的话吗?"小马低下了头，说："没……没想过。"妈妈亲切地对小马说："孩子，光听别人说，自己不动脑筋，不去试试，是不行的，河水是深是浅，你去试一试，就知道了。"

小马跑到河边，刚刚抬起前蹄，松鼠又大叫起来："怎么? 你不要命啦?!"小马说："让我试试吧!"他下了河，小心地趟到了对岸。

原来河水既不像老牛说的那样浅，也不像松鼠说的那样深。

大体而言，小学生从中理解到的人生道理是：做人要向小马学习，善于听取别人意见，开动脑筋独立思考，并且勇敢地去实践，才能体会到成功的快乐……

从教师的角度，这个故事能给我们哪些新的启示呢?

教育要让学习者去做去体验

教师帮助学生学习，让学生通过学习获得成长和进步。 什么是学习? 古文中的"学"字字形为𦥑，从字形上看，上面是一双成人的手，在演示算筹（爻，也有的人说"爻"像渔网）给屋子里的小孩看，由此理解，"学"既有成人教孩子的地方（学校）的意思，也有成人向下一代讲授知识、传授技能的含义；"习"字在《说文解字》中的字形为習，其解释为："习，数飞也。"习字是一个会意字，巢上的小鸟反复地试飞意味着"习"。 把"学""习"合在一起，可以认为，学习有两种主要实现方式：一种是教师讲解、传授，学生采用接受的方式完成，表现为间接经验的授受；二是学生自身的实践参与，表现为活动性学习、实践性学习、具身学习，结果是获得直接经验。

两种学习方式各有自己适合的对象，也各有优势和不足。 在人的成长中，两种方式不可或缺、不能偏废，高明的教育就在于把握平衡，对不同的学生、依据不同的教学任务恰到好处地加以运用。

比较而言，我们现有的教育以"学"的传授偏多，以"习"的方式实践偏少。重温《小马过河》的故事，老马让小马去"试一试"，去做事，去实践，这是学习中的"习"，是对小马的锻炼和磨砺。教育实践中，我们需要增加学生的活动与实践，让他们在活动与实践中思考和尝试，在活动中学会学习、学会生活。不同的知识需要不同的学习方式，不同的学习方式又将带来不同的学习效果。如果把知识分为事实性知识、实践性知识和情感性知识，事实性知识可以用传授的方式教授，实践性知识就需要以实践的方法、做中学的方法获得，情感性知识则需要感受和体验。过河的知识属于实践性知识，如果实践性知识也用传授的方式教，学生获得的就只是关于实践的知识，而不是实践的方法、实践的技能。犹如教学生写作就需要他去写作，教学生游泳需要让学生下水。

与老马"告诉"过河方法的方式比较，小马自己找到过河的方法更费时间，这是教师最担心的一个问题。因为觉得很费时间，于是教师更普遍的选择是传授。但过多的传授使教师成了知识的"搬运工"，学生的大脑则成了储藏知识的"仓库"，后果是学生对于获得的知识缺乏深度理解和实践运用，求知欲、好奇心、创造性可能被扼杀。

大家可以分析讨论一下：小马在过河的过程中经历了什么？体验了什么？它对小马的成长有什么意义和价值？哪些东西是师生的授受活动难以设想与实现的？

稍加分析，我们就会发现，小马遇到的很多问题是老马没有想到的。比如，面对老牛和松鼠对河水深度不一样的认识，小马应该怎么理解和选择？生活中实际遇到的问题常常会超出课本、超出教师的预设。为什么会有这种情况？因为教室里的很多问题是经过筛选和改造的，条件和结论之间的关系相对简单，属于结构良好的问题；而生活中遇到的问题大多是结构不良的问题，是复杂的、变化的问题，是需要更多经验和智慧解决的问题。

解决生活中复杂的、变化的问题需要投入更多的时间，需要复杂性思维。这样的时间需要花、值得花，因为学生不是一辈子都坐在教室里，不是一辈子只读书，不是一辈子都在教师的耳提面命中生活。需要一定的实践经验，去过自己的生活，这就需要学习过程中这种"习"的锻炼和相应的经历。

积极探索和实践项目式学习

有一种叫"学习金字塔"的学习获得理论。该理论由美国学者埃德加·戴尔率先提出，研究表明：采用不同的学习方式，学习者在两周以后记住所学内容的多少（平均学习保持率）并不相同：用耳朵听讲授的，知识保留5％；用眼去阅读的，知识保留10％；用视听结合方式的，知识保留20％；用演示的办法，知识保留30％；用分组讨论的，知识保留50％；通过实际演练的，知识可以保留75％；而教别人或马上应用的，知识保持率高达90％（图1）。该理论告诉我们：讲授可能在知识的输出量上占有优势，但在学生有所得上却可能处于劣势，主动亲身参与学习可能比被动接受知识所花费的时间更多一些，但从效果看，这样的时间花费"很值得"。

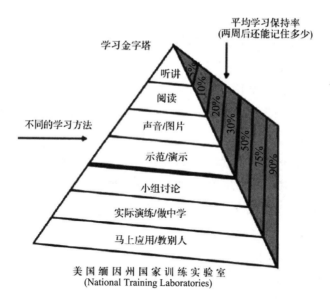

图1　不同学习方式的知识保留比例金字塔

小马过河是独自去解决一个问题、承担一项任务、完成一个项目，这样的学习活动可以称为项目式学习（或称问题解决学习、任务式学习）。项目式学习是在项目（问题）驱动下，学习者发挥主体性，合理利用项目资源，以自主与合作的方式解决问题,并在此过程中获得知识与技能的学习方式。 以此分析"小马过河":第一,"过河"这个项目(问题、任务)具有生活意义,项目具有价值,这可以激发小马的积极性;第二,这样的项目具有明确的评估标准,可检测、可评判;第三,任务具有挑战性,需要唤醒实践者的经验,激发学习者潜能,引起学习者的深度思考、实践尝试,学习者的主体性和创造性得到有效激发和发挥,这样的过程能促进学生改变,积淀学生素养。 另外,项目式学习往往也是合作学习,我们可以将小马、老牛、松鼠等看成是合作探究的小组,看成学习共同体,他们之间的交流互动促进彼此增加认识和了解,取长补短,建构友谊。

关注项目的意义、可测性、挑战性、实施,这些或许都可以为我们组织和开展项目式学习提供借鉴。

你知道"知识的诅咒"吗?

老牛自己身材高大,又有过河的经验,过河轻而易举,因此他对小马说:"水很浅,刚没小腿,能趟过去。"有了这样的经验和能力,他对小马不敢过河可能不理解,也会认为小马回家问老马多此一举,会说小马太胆小。 这样的表现在很大程度上是中了"知识的诅咒"。

"知识的诅咒"就是对于某一件事情如果你知道了、你会了,你就会把做这件事情、理解这个事情看得很容易,并用这种心理去推断他人。 最好的例证是 1990 年斯坦福大学的伊丽莎白做的一个心理实验。 实验中,受试者两人为一组,其中一人为听歌者,他戴上耳机听歌,并用手敲出歌曲的节奏;另一人为听节奏者,任务是猜歌曲的名字,实验所选的歌曲是所有人耳熟能详的曲子。 试验结束后,听歌者猜测听节奏者可以说对歌曲名的 50%,而实际的比例只有 2.5%。 在这里,听歌者已拥有的知识(歌曲名目)让他们想象不到缺乏这种知识会是什么情形。 当他们敲击的时候,他们不能想象听节奏者听到的是那些独立的敲击声,而不是一首首他们熟悉的曲子。 犹如老牛对河流是熟悉的,过河是容易的,但这样的经验(知识)也就成了"诅咒",他就很难理解小马的犹豫和困难。

用"诅咒"来说明获得"知识"的结果，那就是当你有了某种知识、有了某种技能，你就会中这种知识和技能的"诅咒"。

比较而言，"知识的诅咒"更容易出现在这样的场景中：（1）别人学习我们已经掌握的东西时；（2）别人从事我们所熟悉的工作时；（3）在我们教授别人知识和技能时。

教师要警惕"知识的诅咒"

想一想：作为成人，你会不会觉得自己的孩子吃饭穿衣特别磨蹭？你会背"乘法口诀"，你会不会觉得读幼儿园或者一二年级的孩子怎么教"乘法口诀"，他都记不住？

作为教师，我们受过不同程度的教育，这些经历也让我们有了不同的知识体系，拥有的这些知识和能力，会不会让我们抱怨学生的学习："这个问题这么简单，为什么他们总是学不会？"

在成人、同事之间这种"知识的诅咒"现象也屡见不鲜。有一位老师与笔者交流，说自己带一位新教师徒弟："课堂上的问题太多了。我去听课，看见出问题我就自己上去给讲两分钟，马上效果就好了；让她上去，不一会儿又有问题了。我就让她看我的课，看了再上，结果还是出问题。"这是不是自己水平高了，就把教学和管理看得容易，就不能理解他人不易的"知识的诅咒"？

用"知识的诅咒"反省自己，我们应该意识到：很多时候学生还不具备这样的经历，没有这样的经验。在《小马过河》的故事中，老牛可以过河，小马可以过河，松鼠就是无法自己单独过河，你如果一定要让他过这条河，他就会说："我做不到。"如果你坚持认为他能够做得到，他就可能自我怀疑、生出挫折感、丧失信心，并最终放弃；或者被你逼着，最后死在"过河"的过程中。

必须承认，有知识有能力是好事，这有助于我们完成教育教学的任务，我们应该不断追求知识的完善和能力的提升。但我们需要意识到，知识和技能又可能成为"诅咒"，成为彼此之间理解和交流的"障碍"。清醒地认识到这一点，教师就需要对"诅咒"现象有所警惕，不放弃对学生的引导责任，时时自我提醒，给他人慢慢成长的时间。

"想想当初我自己"

警惕"知识的诅咒"，可以以自身的成长经历为例，"想想当初我自己"。比如，当家长的可以想想自己是孩子的时候，当老师的也可以多想想自己当学生的时候，尽量避免"好了伤疤忘了疼"。以笔者的经历为例，"想想当初我自己"。

高中一年级的语文课，老师在台上讲解列宁的《伟大的创举》，我沉醉在堂吉诃德大战风车的小说中。老师发现后，让我起来读课文，目光中满是责备。看见老师没有批评我，我反而有了一点内疚，于是决定收起小说，好好听课。这一节课，主要在学语法，我父亲是民办教师，有一本《语法·修辞·逻辑》，我正带在身边，于是拿出它来，边听边翻着参考。没有想到，站在讲台前的老师没有看清这是什么书，以为我心怀不满，居然将小说放在讲桌上明目张胆地表示对抗。但生气归生气，老师还是没有做什么。

下课后，语文老师将我叫到办公室，责备我不听他的话，并说对我如何寄予期望和付出心血。说到不被理解的伤心处，他居然老泪纵横。看见一个50多岁的老教师如此伤心，我也陪着流了不少眼泪（当时我并不完全懂老师对学生的期望的重量，所以只能说"陪"）。

这以后，我再也没有在他的课堂上看小说。但因为这件事，在以后的工作中，我对课堂上看小说的同学有了更多的理解和宽容。

2004年秋，我第一次给刚实习回来的学生上师德修养课，可能大家对师德修养这一类的课并没有什么兴趣，所以听得并不认真，有的同学带了其他书籍在课堂上看。在我边讲边巡视时，总能看到一些同学出于礼貌，将课外书藏到桌下的动作。每当看到他们的狼狈相，我就会想当初我也是这样，想起曾经教我的语文老师，意识到这是历史在重演。这时，我会忍不住给他们一个会心的微笑。期末，几个同学在提交的作业中说，他们被这微笑感动，开始认真考量我的师德修养课是否值得听，最后他们选择了认真听课。

回望自己的学习生活史，获得了理解学生和专业发展的途径和方式。个人生活史不仅是教师建构知识的基本素材，更是教师重构自身认知的动力来源。每一位教师（或即将成为教师的）都有或长或短的受教育经历，在当学生的时候，自己的老师在用他们的知识、行为、思想和人格操守诠释教师的角色；不当教师的人，也许用不着刻意去回忆和审视自己的受教育经历和自己的老师，而如果是要做教师，这种回望就具有了特殊的意义。这种回望是从受教育者的角度出发的，它有利于我们在教育对话实践中更好地移情换位。在回望中，我们将从另外一个角度体味：什么是好的教育？什么是好的教师？教师应该追求什么？等等。这样我们就能充分地理解和接纳学生，并依据学生的生活体验和当下评价，对过去老师的行为"见贤思齐，见不贤而内自省也"。这样，过去的受教育经历就可以成为我们教师生活的宝贵财富。

对回到过去、回到童年、回到学生时代，许多朋友可能不以为然："我当初……，哪像他今天这个样子！""我们那个时候……"仍然一副学霸的样子。人总是喜欢回忆光荣骄傲的事情以获得更充分的自我满足。

现在，姑且当你就是学霸，第一招对你不起作用了。第二招就是要想一想，面前的这位学生（或者这些学生）条件可能不如你。菲茨杰拉德在《了不起的盖茨比》中说过这样一段话："我年纪还轻，阅历不深的时候，我的父亲教导过我一句话，我至今还念念不忘。'每逢你想要批评任何人的时候，'他对我说，'你就记住，这个世界上所有的人，并不是个个都有过你拥有的那些优越条件。'"生活历史和生活现状具有多样性，生活中很多人的条件不如我们，我们需要更多的理解和接纳，要看到和接纳我和他的不一样，不要以自己的条件和成就去要求、责备他人。

教师要站在学生、家长的角度去理解

"想想当初我自己"是用我的成长、我的经历去认识他，去理解他。但他是他，他不是我，所以"想想当初我自己"仅仅是理解的第一步。更进一步的方式是把"我"放在旁边，从他的立场，用他的角度去理解他。笔者曾经和一位老师讨论过这样一个故事。

一位农村学校的老师上课时收了一个四年级学生的手机，因为这位学生上课时一直在玩并且影响了其他同学。手机被收，学生情绪变得激动，冲到窗户上站着，说如果不还手机就跳下去，老师只好立刻归还手机。后来老师联系家长，但家长来了怒气冲冲，说这位老师不会教。这位老师委屈地对我说："学生的家长不讲道理。"

　　对于这位老师的委屈，我们能够理解。但导致这样的结果，老师是不是缺少站在对方的立场上理解的态度呢？

　　先站在学生的角度想一想，一个农村学校的四年级的学生，手机在他心中是一份多重的财产，获得一部手机多么不容易。你不加说明的"收"在他看来意味着他将失去这部手机。他哪里会心甘情愿？现在，他选择一种极端的方式，你是不是应该多一些理解？想一想，你自己在中学、大学的课堂上玩手机没有？就是现在，你在下面听人做报告、开会时你玩过手机没有？你自己是成人都做不到，干吗不对学生不能自控的行为多一些宽容？

　　当然不是不制止，也不是不教育。但我以为，可以采取温和的方式，比如可以对同学说："你知道课堂上玩手机会影响你的学习。但手机在你手里，你自己管不住。我希望你自己把手机放在讲台上，下课以后你再自己拿回去，下次不要带进教室了。"这样的处理可以让学生意识到，手机不会失去。你理解他，他可能就不抗拒你。如果学生不拿上来，你也不要较真自己去"收"，不要搞得自己下不了台。你可以换一种方式让他下台阶："我以为你要把手机放在讲桌上才是解决办法，现在你知道自己想办法，关闭手机放在桌子下面，这也不错。"给学生指明自己解决问题的方法，站在学生的角度，会不会更容易收到效果？

　　我自己给大学生上课，也会遇到学生在课堂上玩手机。我的处理主要有两种：一是走到他（她）身边，把激光笔照在他的手机屏幕上，学生玩游戏，突然发现手机屏幕上多了一个光点，寻找光源，他看到的是我的微笑，学生自己就会不好意思，赶紧把手机收起来。有的时候，我会这样对同学们说："顾城有一首诗：'你一会儿看我，一会儿看云。我觉得你看我时很远，你看云时很近。'我在给你讲课，你一会儿看我，一会儿看手机。我发现你看我的时候少，看手机的时候多。"大家一起笑笑，玩手机的学生也会有所收敛。

站在老师的角度，老师会觉得"我该管，你作为家长，就得配合我教育你的孩子"。但站在家长的角度呢？想一想如果你的孩子在学校里都要跳楼了，你着急不着急？这样你就可以理解和接受这些家长的态度了。

理解以后怎么沟通？

第一，用道歉来安抚和平息对方冲动的情绪。"很抱歉，遇到这样的事情把您请来，耽搁您的工作了。"（想一想，如果你孩子的老师不时叫你到学校，你烦不烦？所以道歉是应该的，而且又不会有什么损失。）

第二，申明自己行动的依据，说明自己管理行为的正当性与合理性，避免对方无理取闹："课堂上学生玩手机，老师应该管，这是教师的义务，不管是不负责任，是对你的孩子不关心。"

第三，说明导致的结果是意外，是孩子的性格和举动出了问题："没有想到你的孩子会这样冲动，会做出这样的举动。"

第四，说明请家长来的目的："今天请您来，是想了解一下你的孩子平时是不是也出现过这样冲动的行为。因为孩子这样冲动很危险，我们一起商量一下怎么办。"

这样将心比心地沟通，效果会不会好一些呢？说到这里，要分享在《每一个孩子都是冠军》中，关于建立理解关系的一句告诫："你要首先去理解他们，而不是首先要求他人理解你。"

和学生交流要注意语言转换

《左传》中，郑国上卿子皮想让尹何治理一个采邑，子产先是询问："尹何年轻，不知能否胜任？"子皮说："这个人忠厚谨慎，我喜爱他，他一定不会背叛我的。"子产说："一个人喜爱别人就应该让他得到益处。现在您喜爱他就让他来管理政事，这就如同让一个还不会拿刀的人去割肉，这多半会割伤他。您这样的爱人可能会伤害人家，那么以后谁还敢求得您的喜爱呢？"子产成功的劝说就是基于子皮的立场（希望爱人并得到人的爱），为子皮着想，最后子皮很高兴地听取了意见。

回到《小马过河》的故事中，老牛（教师）的话"水很浅，刚没小腿，能趟过去"，能不能换成"我过去时水很浅，刚没小腿；从你的身高看，应该能过去"。再以上述名优教师带徒弟为例。看到新教师课堂管理效果不好就上去代讲，我问她："那你想一想，如果你才参加工作，我来观察你的课，上两三分钟的时候我来指导你一次。你怎么看？"换到对方的立场，就容易找到对对方更有价值也更能够为对方接受的方式。

有一位教师，对教学生学习复韵母感到很困难，她说："我真的没有办法教了。告诉他们 ai 怎么发音，他们怎么也学不会。我真的对他们没有信心了。"听着她的抱怨，笔者想，为什么不从学生的立场出发，注意语言的转换？可不可以这样：告诉学生，大家老是学不会，老师很着急，唉——，现在大家学习叹气，唉——；在学生叹气过程中，告诉学生 ai 的发音就是这样；然后再运用 ai 做工具去认识其他的复韵母。

2006 年 3 月，笔者与两位同事到一所小学上观察课，授课教师希望我们重点观察和研究他的课堂教学行为。经商量，我请一位同事预先准备好教室里学生座位分布图，让她重点观察和记录课堂上授课教师的提问分布、提问次数、问题类型；请另外一位同事注意观察授课教师在课堂上的站位、走动路线和教学关注对象；我自己则关注和记录授课老师提问以后的倾听、澄清、评价和引导等行为，并观察这些行为对学生的影响。这样的观察为课后的交流、分析奠定了基础，我和同事也从这次观察与交流中获益很多。我把这个案例写进《怎样观课议课》，并向中小学教师做了推荐。

某地在推进观课议课时运用了这种方法。过了一段时间，参与教师却对这种方法产生了困惑和抵触，他们说："过去走进课堂，我们还可以对这节课有一个整体的感觉和印象，现在盯着某一点观察，我们没有时间去观察和思考自己感兴趣的问题，学不到自己想学的东西。现在我们对课已经没有过去的感觉了。"他们停用了这样的观课议课方式。

一方面，这促使我认识到选择教研的工具、方式和方法应该站在一线教师的角度；另一方面，我为这些教师的质疑叫好。这引起了我们对中小学如何选用和改造教研工具、方式的思考。

随着继续教育的不断发展，中小学的领导和老师们通过读书、网络和外出学习，视野越来越开阔，获得的教研信息越来越丰富。认定有道理、有价值的观念、工具，就实践一番，这是一种学以致用的积极态度，值得肯定和鼓励。但选择什么工具来用？ 怎么用好他人的成果？ 这需要研究。 怎么研究呢？

首先还是要立足学校的实际、教师们的工作和生活实际，立足于实际教研需要；运用他人的工具，不能只是因为他人的工具"看上去很美"。 比如，从教师的工作和生活实际看，进教室上观察课，教师们最关心的是自己能不能从课堂上学到东西，他们需要对课堂教学有一个整体判断，然后根据整体判断从中选择有价值的学习。 在课堂上让他们去关注和记录某一个研究点，这会让他们感觉自己成了机器，难以从中找到思考和发现的乐趣；另外，集中精力于分配的观察任务，使他们很难发现和研究自己感兴趣的东西，这就不能满足他们自我发展和成长的需要。 这样的研究使我们意识到，这种定点定向的观察方法未必适合一线教师。 还有，进教室上观察课的目的也可能是多种多样的。 比如，旨在调查课堂现状，观察课改成效，寻找未来方向的调研性观察课；目的在于鉴定教学水平，判定优劣，分出等级的评价性观察课；意在锤炼教学行为，磨砺优质教学的打磨性观察课；旨在讨论课堂现象以理解和改进教学的研究性观察课……不同的目的需要不同的工具和手段，有效教研不能只有一种工具，用一种工具"包打天下"。

教研的工具和方式到底好不好、适用不适用，我们一时可能看不清楚。 怎么办？ 实践是检验真理的标准。 对一个新的工具，可以先试一试。 抱着对工具本身进行研究的态度实践，实践中要关注自身的状态、感受，关注自己的投入和收获。 对成长有帮助的、投入不大、简便易行的，就继续做下去；反之，就要及时终止。

作为教师，有一种有效的教研方式，那就是多做"发现"的功课，通过对现有教研方式进行反思，从自己身上、从自身的实践中筛选和提炼，从中概括和抽象出有效教研的模式和方法。 这是不等不靠，自己创造。

不要以为"自己不能，学生也一定不能"

再从小松鼠的角度看，"深得很哩！ 昨天，我的一个伙伴就是掉在这条河里淹死的"，这是依据自己的经验告诫朋友"怎么？ 你不要命啦"，也算尽职尽责。 但这样的尽职尽责只是从自身出发，看不到他人的可能，你自己不能，难道他人就一定不能？

2006 年，笔者在贵州山区小学执教《24 时计时法》，提出这样的问题："陈老师手里有一张机票，标出起飞时间是 20:45。 我们今天要学习和理解 20:45 表示什么时间。 如果学不会这样的内容，我们今后出行说不定就会误掉航班。"这样教的本意，一是建立知识与生活的联系，体会所学知识的生活意义；二是想引导农村学生走出去，进入更广阔的世界。 议课时，当地的一位老师不以为然："这些娃儿还想坐飞机？ 我们都没有坐过飞机。"我们没有乘过飞机，孩子就不能乘飞机了？ 这是没有看到孩子的未来可能性，没有看到时代的迅猛发展和可改变性，要知道，儿童有无限可能，一切皆有可能。

教师不能囿于自己的经验，小看学生未来的发展。 教师要有引导学生去过比我们更好的生活、去超越我们今天的生活的意识和努力。

教育要教学生思考

前面分析了老马放手让小马承担任务，在"习"中锻炼自己的意义。 这里再看看，老马对遇到问题的小马的指导。"那条河不是很浅吗？"妈妈知道河水很浅，自己的孩子能够过去，这是老马安排孩子过河的安全保障。 而站在教师的角度，这样的回答可能阻止孩子思考和探究。 我们以为，促进孩子思考比直接告诉他答案更有利于他的发展。

妈妈下一句是："孩子，光听别人说，自己不动脑筋，不去试试，是不行的。"作为教师，我们也有"不能光听别人说，自己要动脑子"的提醒，并且也经常给学生说"你要动脑子"。 但教师不能只是要求学生学会思考，更需要对学生如何思考进行指导和帮助。 这里的帮助可以是对想什么的提醒："河水到底是深还是浅呢？ 你仔细想过他们的话吗？ 他们为什么一个说浅一个说深呢？"

这里要说明一下，寓言和童话都是想象性的故事。 童话的对象以儿童为主；早期寓言的对象以成人为主，是借助故事给成人讲道理。 用故事讲道理的好处是生动、容易理解和接受，不足之处是没有直奔主题，很可能耗费时间，而且使受众不愿意听不愿意看，所以，讲道理的寓言一般篇幅短小、人物关系简单。《小马过河》的故事本身不能也没有充分展开。 我们在讨论教育时，对于寓言故事可以由此及彼，深入展开。

这里就教师如何帮助学生学会思考做进一步的讨论。 老马对小马想一想的内容做了提醒，这比只是说"你要动脑子"的教师高明。 但仅仅是这样的提醒还不够，教学生思考还需要对"如何就这个问题动脑子"进行指导。

首先要教学生多问一问"为什么"。 比如教小马思考"为什么老牛会说浅，松鼠会说深"，教学中这样的"为什么"就是培养学生思维的一种途径，它可以帮助学生往深处想、找到原因，使学生在寻求答案的过程中获得思维的发展和进步。

曾经观察一位老师上三年级数学的《可能性》一课。 学生的原有基础是：学过在一个纸箱中，如果有两个黄色乒乓球、一个白色乒乓球，随机摸出一个，有摸到黄色球和白色球两种可能性，并且摸到黄色球的可能性大于摸到白色球的可能性。 这节课要解决的问题是：两个黄色的乒乓球和两个白色的乒乓球放在纸箱，随机抽出两个，有几种可能性？ 谁的可能性更大？

笔者在观课中发现：学生很容易说出摸到"白白""白黄""黄黄"的三种可能性，以及摸到"白黄"这种可能性更大。 学生说过以后，教师开始组织同学们进行摸球实验。

课后议课，笔者认为，在学生说到"摸到'白黄'可能性更大"后，应该追问一下学生"你为什么这样推断"以引起思考和讨论。 在讨论中可以引导学生思考：从纸箱里同时抽出两个乒乓球可以看成先抽到一个乒乓球（不放回去），接着再抽到另外一个乒乓球（从概率上看，两种抽法的结果应该是一样的）；因此，第一次抽球可能抽到白球，也可能抽到黄球，但无论抽到什么，剩下的再抽一次，就回到了"在纸箱里，有一个白色（或黄色）乒乓球和两个黄色（或白色）乒乓球，抽谁的可能性更大"的原有基础。 这样，就容易解释为什么抽双色球可能性更大了，这就和原有的知识建立了联系，巩固了原有的知识。

后来，笔者根据这样的设想，以"推测—说说推测理由—实践检验推测设想"的思路重上了这节数学课。 事实证明，这种设计是可行的，对学生的帮助更大。

让学生知道"有时要先想后试，有时要先试后想"

老马是对小马说"你去试一试，就知道了"还是"想明白以后，你就再去试一试"更有价值，更值得实践？ 答案是两种方式各有其适合对象：遇到紧急的情况，来不及思考，仔细的思考可能耽误事情造成危害，或者价值不大没有必要费时思考，那就可以先试一试；如果时间宽裕又事关重大，最好还是要想明白再去试。 这样，有时需要教学生先想后试，有时需要教学生先试后想。

在《小马过河》的故事中，老马因为知道"河水比较浅"，所以说"试一试就知道了"。 老马给了小马"可以先试试"的指导，但这样的指导就"过河"这件事却可能留下后患。 因为如果以后遇到的是比较深的河流，这样的试一试可能会很危险。 比较起来，就"过河"这种可能存在危险的事，最好的指导还是"想清楚以后，再去试一试"。

《小马过河》是老马让小马做事，主要目的在成事，事情做成功了即可。而教育的主要目的在成人，教育中的实践活动是为了成人，这是教育实践与其他实践活动的区别。 成人意味着经过活动以后，学习者的认知、感情和行为有了稳定的变化。 小马过河的过程只是小马的经历，他做成了事，这样的过程是否具有教育性要看他能不能由此产生认知、感情和行为的稳定变化。 小马会有这样的变化，由此带来成长吗？ 答案是有可能但未必！

将这样的学习活动经历转化为经验，离不开小马的想。 这里的想可以是先想后试的想，也就是想明白以后去试验；也可以是先试后想的想，是做完事情以后的"千金难买回头看"，从中有所发现，这样的想就是一种经验总结，这样的学习获得了经验。 把这两种路径用在教育研究上，可以说先想后试是试验，是行动研究的方法；而先试后想则是"摸着石头过河"，是经验总结，是实践反思的方法。

过教育实践变革的"河"需要严格论证

小马过河是小马去完成未曾做过的事，就他的经历来说是一种创新。教育变革是我们要去实践未曾做过的教育探索，是要渡过未曾渡过的"河"，这也是一种创新。教育变革牵涉方方面面的利益，被不同人群关注，学生的时间又十分宝贵。基于这些原因，教育变革的创新就不能随便"试一试"，而是需要严格论证。

邓友超在《教师实践性智慧及其养成》中讨论了一个完整的实践推论应该找到可靠的前提：①价值前提描述行动者的目的或重要结果。这既可以是宣称式的，也可以是命令式的。②规定性前提为行动提供理论原则或意义。③经验前提为行动提供证据或经验支持。④情境前提澄清并承认作为行动情境的现实。⑤最后形成行动或行动意愿，这是实践推论的结论。

用这种实践推论的方法，我们以为，严格论证的教育变革需要思考这些问题：①为什么要变革？是不是出于发展学生的目的？这是教育变革的伦理考量。②现有的理论是否支持？会不会违背教育的基本原则和规律？这是变革的科学性考量。③有没有先行的、可靠的实践经验支持？这是变革的经验性考量。④实践的基础和条件是否具备？这是变革的可行性考量。经过了这样一些思考，并做出满意的回答以后，可以制定行动方案"试一试"。这大致就是教育研究方案需要论证的内容。

为了加深对这种推论的理解，这里设想一下对"我的学生听课不认真"这一问题实施改进的思考和论证。

（1）学生不认真听课就学不到东西，教师有责任帮助学生学到更多东西，这就是价值前提。因此，我需要做出改变，让学生参与学习，以保障学生的学习效益。

（2）规定性前提可以理解为找到相关改进行动的理论基础，比如：学生的参与是学得更多、更好的前提，学习效果来源于学生的参与活动，没有学生的参与活动就没有学习的效果；自主学习、小组合作学习是学生参与的途径和方式。

（3）经验前提是寻找实践经验的支撑。成功的实践经验告诉我们：小组合作可以增加参与，提高学习效率。

（4）情境前提就是我的学生、我当下的情境进行这样的改革是否合适，是否需要其他的铺垫和准备。"我的学生已经学会小组合作"，他们有了一定的合作意识和合作能力，这是实施合作性学习的可行性条件。

（5）通过这些实践推论，我们就可能形成解决问题的变革方案：我将改变现有教学，通过实施小组合作学习让更多的学生参与，提高课堂教学质量。

教育变革方案，通过伦理的、理论的、实践经验的、现实条件等多方面的考量，使得实践方案更可靠，不会莽撞地"冲进河里"，被"河水淹死"。

当然，说了这么多，但生活到底如何？教育应该如何？教育研究和变革又如何？小马过河的结论是"原来河水既不像老牛说的那样浅，也不像松鼠说的那样深"。生活与教育的结论同样是：它不像那些优秀教师说的那般容易，也不像那些处于困境中的教师所说的那样不堪。你有你的情况，教育的"河"需要你自己去"过"。

（陈大伟，郭彦华）

从《揠苗助长》
看教师劳动方式
与成果

作为教师，我们必须相信教育是有益的，要坚守教育，尽力而为，对自己所教的学生"不抛弃，不放弃"。

研究学生，我们可能有这样一些发现：学生是想变和可变的；学生的改变是有内在节律的；学生的改变是自为的；学生是具体而有差异的。

教育不能贪学生成材的天功，教育也不要承担学生不成材的无限责任。教育不直接"塑造"学生，需要借助课程这个中介培养学生，教师用课程育人。

课程就是文化。

揠苗助长又称拔苗助长（"揠"与"拔"近义，但也有一些区别。"揠"是用五个手指从下到上把苗轻轻往上提，"揠"字应该更准确。 但小学阶段学这个成语，"揠"字比"拔"字难写，用"拔"不那么准确，但就小孩子的接受能力看，又更合适一些）。 这个故事来源于《孟子·公孙丑上》中公孙丑与孟子的一段对话：

> 公孙丑问："请问什么叫浩然之气？"
>
> 孟子在说明浩然之气来源时说："一定要培养它，不能停止下来；心里不能忘记它，也不妄自助长它。不要像宋国人那样：宋国有个人，担心他的禾苗长得不快，于是就把禾苗拔高了一截。忙了一阵，他昏昏沉沉地回到家中，对家里人说：'今天累极了，我帮助禾苗长高啦！'他的儿子赶忙跑到田里去看，禾苗已经枯死。天下不助苗生长的人实在很少啊。以为（培养浩然之气）没有用处而放弃的人，就像是不给禾苗锄草的懒汉；妄自帮助它生长的，就像拔苗助长的人，非但没有好处，反而危害了它。"（"必有事焉而勿正，心勿忘，勿助长也。无若宋人然。宋人有闵其苗之不长而揠之者；芒芒然归，谓其人曰：'今日病矣，予助苗长矣。'其子趋而往视之，苗则槁矣。天下之不助苗长者寡矣。以为无益而舍之者，不耘苗者也。助之长者，揠苗者也。非徒无益，而又害之。"）

孟子用"揠苗助长"的农事说如何养浩然之气，这里我们用"揠苗助长"说教育，看一看可以从中获得哪些教育启示。

教师要相信教育，努力而为

寓言中，孟子首先批评了"以为无益而舍之"的懒汉。德国哲学家雅斯贝尔斯在《什么是教育》中说："教育须有信仰，没有信仰就不能成其为教育，而只是教学的技术而已。教育的目的在于让自己清楚当下的教育本质和自己的意义。除此之外，是找不到教育的宗旨的。"对于信念之"信"，《说文解字》说："信，诚也。从人从言。"就其字形来说，一边是"人"，一边是"言"，是与人的言语挂钩的。"信"的本义是言语真实、不说谎，由言语的真实扩展到为人处世，那就是诚实不欺、守信用。笔者以为，仅将"信"字理解为诚信、诚实略有不足。除了做人要诚信、诚实外，在精神上我们还需要有自己的信念，人总得相信一些东西、信任一些东西。就信念的坚守而言，在艰苦的环境下人容易放弃信念，但越是艰苦的环境越需要信念支撑，越需要用信念把我们带出困境。

教师需要相信"教育一定是有作用的"，这才会让我们形成教育坚守，才会使我们致力追求和实现教育的价值，相信"教育一定是有作用的"比不信一定更好；再如，相信"每一个学生都有一颗成为好人的心"比不信更好，相信"每一个学生都有一颗成为好人的心"，我们才能对学生不抛弃、不放弃，对学生产生更积极的影响。

电影《美丽的大脚》中，张美丽的丈夫王玉明，因为愚昧无知（文盲），在23岁的时候盗取34根轨道钉获得7.46元赃款，造成一列火车出轨翻车、司乘人员2死6伤的悲剧，王玉明被判死刑。丈夫的愚昧无知和被判死刑的结局对张美丽造成极大的触动，这使她确立了这样的信念：一是相信人有知识以后，就不会像她丈夫那样去犯罪；二是相信知识可以让人的生活变得更美好。

基于这样的信念，张美丽在黄土高原办起了小学。她想方设法留住城里来的志愿者夏老师：夏老师喝不惯村里的水，她就把孩子们捡的橘子皮洗干净用来泡水；她一直费力地在破旧的脚踏风琴边蹬着脚踏，使夏老师的琴能够弹出声音；夏老师的衣服脏了，她就大半夜守在水井旁给她洗。她对夏老师说："只要你高兴，我做啥都成。"为了夏老师走后自己能胜任教学，她跟夏老师从

"ABC"开始学英语。夏老师纠正她把"千里迢迢"错读成"千里召召",她不顾自己尴尬,马上说:"同学们呀,夏老师念啥,咱们就跟着念啥。夏老师都是正确的,知道吗? 夏老师,你来你来!"……她以自己的真情和爱心谱写了一首生命之歌。可以说,《美丽的大脚》是基于教育信念的教育之歌。

教育的农业隐喻和工业批判

坚守教育,需要思考我们用什么样的方式做教育。对于教师,我们常常听到这样一些隐喻:"教师是桥梁""教师是渡船""教师是蜡烛""教师是春蚕""教师是辛勤的园丁""教师是人类灵魂的工程师"……不同的隐喻表达着不同的教师价值,带来不同的教师认同,形成不同的教育期待。吕叔湘先生说:"教育的性质类似农业,而绝对不像工业。""揠苗助长"本身说的就是农家事,这里就以农业的视角讨论教师的工作。

在说明教育具有农业性质时,吕叔湘先生说:"工业是把原料按照规定的工序,制造成为符合设计的产品。农业可不是这样。农业是把种子种到地里,给它充分的合适的条件,如水、阳光、空气、肥料等,让它自己发芽生长,自己开花结果,来满足人们的需要。"理解教育的农业特征主要有以下视角:(1)从劳动对象看,农业(包含种植业、养殖业、畜牧业、渔业等)的对象是有机的生命体,生命体有自己生长发育的内在规律,依靠自己的生命活动成长和成熟。教育面对的学生是鲜活具体的生命,自身具有生长性和主观能动性,具有使自身成熟的内在力量。(2)从生产方式看,农业生产是为生命体生长提供水、阳光、空气、肥料等,是促进生长,是帮助生长。教育的本质就是创造条件,提供机会,促进受教育者发展和进步。(3)从生产过程看,生长是生命活动,生命活动有自己的周期和节律,农作也好,教育也好,总需要耐心,不能急于求成。(4)从结果看,德国哲学家莱布尼茨说:"没有两片完全相同的树叶。"世上也没有两个完全一样的人,教育的目的在于发挥学生的善好天性,帮助学生成为他自己。

在农业"培育"的方式中,教师的作用是什么呢? 是努力营造有利于"农作物"生长发育的学校和课堂小环境,是为"农作物"健康成长提供适宜的"养料、水分和阳光"，是对危害生长的"病虫害"进行预防，是对生命生长的耐心等待和细心呵护。《麦田守望者》里有这样的描述："我将来要当一名麦田里的守望者。 有那么一群孩子在一大块麦田里玩。 几千几万的小孩子，附近没有一个大人，我是说——除了我。 我呢，就在那混账的悬崖边。 我的职务就是在那守望。 要是有哪个孩子往悬崖边来，我就把他捉住——我是说孩子都在狂奔，也不知道自己是在往哪儿跑。 我得从什么地方出来，把他们捉住。 我整天就干这样的事，我只想做个麦田里的守望者。"这其中就有"农人"的守望和期待。

当然，比喻终究是比喻，在强调一个方面的时候，比喻也可能遮盖了事物的另一方面。 与工业比较，我们说教育更像农业。 但教育终究又不是农业，农产品总是预先明确和固定的，比如"种瓜得瓜，种豆得豆"。 教育能够像农业一样规定结果吗？ 教育有目标，但教师终究是要让学生成为他自己，发挥他的潜能和优势，长出他的个性和特长。 另外，农作物有生命，但没有感情，除了生长的结果，其过程是无法对我们造成影响的；而学生有感情，有主动的反馈和影响，教师和学生可以教学相长。

强调教育的农业特点，是为了对今天的教育的"工业"生产方式进行反思和批评。 工业的方式是冷漠的、刻板的，不会关注学生的情感个性，看不到学生需要的整体性和完整性。 工业生产是标准化、流水线式的，教育像工业，学校像工厂，教师是工程师和工人，教学像流水线；工程师般的教师，缺乏和"加工产品"沟通的热情和积极性，和学生保持着不远不近的距离，不会对学生进行深入观察。 工业主张效率优先，因此一方面会控制每一个环节以追求极致，另一方面会特别注重塑造和加工。 审视当下的教育，你会发现存在大量的超前（学习者的心智基础尚不具备）教育、超时（学习时间过长）教育、超限（超出学习者接受能力）教育、超额（学习任务超量超重）教育、反复教育等危害学生身心健康的揠苗助长现象。

关于超限教育，美国作家马克·吐温有这样的故事：一次听牧师演讲时，最初感觉牧师讲得好，打算捐款；10分钟后，牧师还没讲完，他不耐烦了，决定只捐些零钱；又过了10分钟，牧师还没有讲完，他决定不捐了。 在牧师终于结束演讲开始募捐时，气愤的马克·吐温不仅分文未捐，还从盘子里拿了2元钱。 这种由于刺激过多、过强或作用时间过久，而引起逆反心理的现象，被称为"超限效应"。 超限效应南辕北辙，结果适得其反，犹如揠苗助长。

重温揠苗助长的故事，我们需要抵抗和改变这种工业式生产的教育方式，让教育回到常规，以农人的心态，以农业的方式进行教育。

教师首先要研究和认识自己的学生

揠苗助长的故事里，农夫是希望自己的禾苗长得更快更高的。 一寸光阴一寸金，寸金难买寸光阴，生命有限，时间有限，我们提倡珍惜时间，尽可能充分利用时间，让生命更精彩。 但加速要看对象，要根据对象的特点选择合适方法，也就是要遵循规律，否则就会欲速不达。

农夫需要研究禾苗。 教师需要研究学生，需要摸清儿童身心发展规律。从这种意义上讲，教师的第一责任和使命是研究自己的学生，要根据对学生的研究实施教育。 必须承认，我们对学生还不够了解，研究和了解学生是教师永恒的任务和工作。 研究学生，我们可能有这样一些发现。

有一位母亲很喜欢带着 5 岁的女儿逛商店，可是女儿却总是不愿意去，母亲觉得很奇怪，商店里五颜六色的东西那么多，小孩子为什么不喜欢呢？直到有一次，孩子的鞋带开了，母亲蹲下为孩子系鞋带，突然发现了一种从未见过的可怕的景象：眼前晃动着的全是腿和胳膊。于是，她抱起孩子，快步走出商店。

通过这个故事，我们发现学生和我们并不一样，他有自己的高度，有自己的视角，有自己的经历，有自己的希望……

苏霍姆林斯基说："在人的心灵深处，都有一种根深蒂固的需要，这就是希望感到自己是一个发现者、研究者、探索者。"而在学生的精神世界中，这种需要特别强烈。 学生是想变和可变的。 从可变的角度看，人的成长和改变是必然的。 人可能在改变时间上有早晚的差异，在改变过程中有难易的不同，在改变效果上有显著与不显著、理想与不理想的区别，但变终究是可能而且是必然的。 相信学生可变是教育信念的基础，是教育坚守的力量源泉，教育的意义在于在人的自然成熟的过程中创造条件、提供帮助，使学生变得更美好、更理想，怀着这样的信念持之以恒，教育总有可能"守得云开见月明"。

学生的成长是有内在节律的。 不同的年龄段有不同的身心发展特点，有不同的发展需求和条件。 教育需要把握学生成长的节律。 意大利幼儿教育家玛利娅·蒙台梭利说："每个孩子都有属于他自己的节奏，孩子在自己的行动中体现并塑造着自己的性格。 孩子要按照自己的节奏生活，而成人的强制干扰会阻碍他愉快地成长。""成熟说"的倡导者、美国的儿童心理学家格赛尔用双生子爬梯的实验验证了儿童的成熟需要时间和等待，研究表明：人为进行的提前训练，效果不一定好，过早的训练可能事倍功半，提前训练的孩子，最终和未提前训练的孪生子一样。 这从科学的角度证明了教育活动中揠苗助长行为的不可取。

尊重科学，尊重规律，教师的劳动就不能仅仅只凭一腔热血。 曾经听一位演讲专家说："我们要对学生尽到自己的责任，教学生 100 遍不懂，我们就要准备教 101 遍。"海人不倦的态度可嘉，但实际效果会如何？ 学生被你这样教 101 遍，他恐怕早就烦了、麻木了、逃跑了。 有效的教法是第一遍就要好好研究，争取教明白；第一遍没有教明白，就要进行反省：为什么教的效果不好？应该如何调整和改变？ 穷则思变也就是行不通、效果不理想的时候就要研究、要改变。 如果改进以后还是教不明白，可以想一想这样的内容是否适合学生学习；是不是可以暂时放一放，等上几天；说不定学生等几天也就明白了。 教育需要耐心，有时需要等待，需要相信时间的作用，相信成长的力量。

不同的学龄阶段，有不同的教育目的和学习内容，也有保育、教育、引导、指导、指引等不同的教育方式和实现途径。 但无论采用哪一种方式，教育的本质都是唤醒，都是点燃，学生的成长是自为的，他们是自我发展的主导者、设计者、实施者。 教育需要尊重学生发展的能动性，相信学生自主发展的能力，发挥学生的主体作用。

学生成长不仅有阶段差异性，而且有个体差异性，我们接触的每一个学生都是具体的。 瑞吉欧教育创始人、意大利的洛利斯·马拉古奇写有一首《其实真的有一百》，他说："孩子/是由一百组成的。 孩子有/一百种语言/一百双手/一百个想法/一百种思考、游戏、说话的方式/一百种倾听、惊奇、爱的方式/一百种歌唱与了解的喜悦。一百种世界/等着孩子们去发掘，一百种世界/等着孩子们去创造，一百种世界/等着孩子们去梦想。"

在电影《孩子那些事儿》中，林冬青走上工作岗位，校长特别交代这是一个问题学生比较多的班级，林冬青说："我喜欢有挑战性的工作，我的毕业论文就是关于问题学生的，题目是《如何塑造问题学生的心灵》。"但毕业论文的研究和实际工作中是不一样的。在五（4）班，有性格内向、有暴力倾向的汤恩伯，有学习基础差但为了面子也在课堂上举手的郑宵，有通过代写情书挣钱的沈永恒，有电脑游戏高手李汉汉，有智力发育存在问题的罗奇，有成绩优秀的赵慧颖，有喜欢男生打扮的女孩子陈李，还有存在行为问题的乔韵芝……每个孩子都是如此不同，这些不同的生命状态展现在老师面前。每一个孩子又是复杂的综合体。比如，郑宵在学校里有捣蛋的一面，但在家里，他是母亲生活下去的全部希望，能熟练地为母亲做饭，而且知道为下楼的老师照明，口中一遍又一遍地喊着老师再见；罗奇智商不高，生活不能完全自理，但是她是那么有耐心、那么能干地照顾着班级养的小白兔；乔韵芝有拿同学东西的行为，但舞蹈跳得棒极了；汤恩伯对外人有攻击倾向，但对自己的爸爸十分关心……每一个人身上又都存在着或多或少、这样那样让人感动的东西。这提醒我们：眼前的学生不是书本上的学生，他们是真实的，是复杂的，是多样的。

怎样认识和了解自己的学生呢？《孩子那些事儿》展示了这样一些方法：一是贴近学生的生活观察，比如林冬青通过对郑宵的家访，不仅知道了他的家庭环境，而且看到了他内心善良美好的一面；二是平等和学生交流，比如在和沈永恒的交流中林冬青了解了他代同学写情书的相关情况，在和郑宵交流中了解了他课堂上回答不上来问题还要举手的原因；三是设身处地、换位思考，这让林冬青明白了汤恩伯的心理问题和暴力倾向的来源；四是借助专业的人员和专业的工具，比如，通过心理咨询老师的沙盘游戏，了解汤恩伯的心理问题，借助心理咨询方法解开汤恩伯的心结；五是和家长沟通，比如，通过和沈永恒的家长沟通，了解沈永恒通过写情书挣钱的原因。

确立"用课程育人"的教育理念

从农业隐喻出发，教师的任务是促进成长，教育不能揠苗助长，那教育用什么促进学生成长呢？ 学生的成绩、学生的成就不一定是教育的功劳，教育不要贪学生成材的天功；教育也不要承担学生不成材的无限责任。 教育不直接采用工业生产的方式"塑造"学生，教育也不能在"农业生产方式中"揠苗助长，教育需要借助课程的中介培养学生，教育用课程育人。

从实践层面讲，教师应该有自身的课程概念和理解，应该自己努力开发课程，同时，对于课程，应该有学校、教师层面的课程操作定义。 美国诗人惠特曼写过这样一首诗《有个天天向前走的孩子》："有个天天向前走的孩子，他只要观看某一个东西，在当天或者当天的某个时候，那个对象就成为他的一部分，或者继续许多年或一个个世纪连绵不已。"

对其进行教育学解读。"有个天天向前走的孩子"，可以理解为有个天天来到学校、坐在课堂上的学生，有一"对象就成为他的一部分"，并"继续许多年或一个个世纪连绵不已"，这可以理解为这个学生学到了东西，有了变化，并形成了素养，也就是教育取得了成功。 教育成功的条件有二：一是教师提供了孩子要看的"某一个东西"，二是这个孩子对"这一个对象"要去"观看"。 这就是学校成功育人的两个基本条件。

基于这样的理解，我们以为，学校的课程就是学校组织成员为学习者发展而创设的学习（生活）环境和学习活动。

"某一个东西"就是教育者准备的学习（生活）环境，学习环境为人的发展提供了一种可能性。 学习环境是教师以及教师引导下的学生有意识创设的，试图影响学生的环绕在学生周围的一切东西，既包括物质的、文化的，也包括心理的、人际的。 比如，教师在课堂上的声音、心情、站位可能成为影响学生的环境；学生课桌上的课本和笔记本，语文教材中的诗歌、散文、议论文，不同的文体、不同的文章是不同的环境；学生周围的同学是爱学习还是不爱学习的，也是不一样的环境……

"观看"是一种认识、理解的学习活动。教育环境只是为人的发展提供了一种可能性，学习活动将这种发展的可能性转化为发展的现实性。比如，课堂上的教师在讲，但学生的心不在这里，他不听，他不想，这就不能实现他的发展。没有学习活动，教师创设的教学教育环境就只是一种课程资源而已，课程的价值和功能就难以实现。

课程首先是"课"，"课"就是有一定的规定性，就是呈现在学生面前的东西，就是教育的环境（这里包含了要学的内容）；然后是"程"，就是学生要去学、去经历、去感受，这个过程就叫作"程"，没有经历，没有过程，课程就没有实现。"课程"既是"跑道"，呈现了跑的路线、沿途的风景和期望的"远方"；同时又是"跑的过程"，就是你要去跑，要去经历，要去学习，要有这个感受，要有这个体验，要观察周围的风景，有所发现，有所感悟。

课程的文化使命

理解课程可以采取文化的视角。在古汉字中，"文"指一个壮汉胸口的纹饰。为什么要做纹饰呢？我们有这样一些未经验证的推测：早期的人类和自然斗争，遇到凶猛野兽怎么办？比较起来人长得比较温柔，凶猛动物可能不怕人，人也可能缺乏信心和勇气，有一个装饰可以给自己壮胆、可以让猛兽害怕，这里的"文"能给人以力量和勇气；对那些让人恐惧的自然物，人们把自己画成它的形象，似乎也在寻求一种庇佑，这可能有图腾的意味。另外，当人走出家庭和其他人交往，怎么辨识彼此呢？这也需要一种符号标示"我们是一伙的"，这里的"文"有了形成归属感和认同感的意味。第三种情况的"文"，是觉得美，家里有客人来，收拾得干干净净；出去参加一个活动，要打扮一下自己，这都是"文"，这里的"文"就有了美的追求的含义。课程的"文"，就是我们要找到能带给学生勇气、带给学生力量、带给学生认同和归属、带给学生美好的东西，使他们获得在这些方面发展的可能性。

"化"是什么意思？"化"象征一个人，头朝上，肢体朝左侧，过了一会儿肢体朝右侧了，有了改变，改变就意味着变化。 从文化的角度理解课程，首先是要"文"，也就是先要找出最值得追求的，学生最应该拥有、最值得拥有的东西，以此构成学生的学习和生活环境；然后用"化"的教学方法去影响学生，去改变学生。

教育是文化，课程是文化。《周易》说：观乎人文，以化成天下。 当代教育有质量和公平两大使命。 教育的使命需要通过课程的文化实现，好的课程有什么意义和作用呢？ 这里可以用如下示意图（图2）说明。

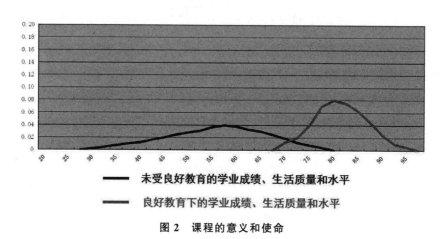

—— 未受良好教育的学业成绩、生活质量和水平

—— 良好教育下的学业成绩、生活质量和水平

图 2　课程的意义和使命

如果把黑色曲线看作没有受到良好教育、没有受到良好课程影响的学生群体的生活质量或者学业质量，它的特点是总体水平偏低，峰值在58、59，不及格，而且离散程度大，差距接近60。 灰色的曲线是好教育、好课程下的学生群体的生活质量或学业质量。 改变发生在两个方面：一是整体提升人的生存质量和学业质量，原先不及格，现在通过好的教育、好的课程影响，平均水平达到80了；二是差距缩小了。 当然人与人之间的差距会永远存在，但好的教育和课程有一个责任，就是要把这个差距缩小一点，而不是扩大差距，这就是要给予处境不利的学生更多的关怀。

教师用课程育人，不仅要用课程来为以后追求更高质量的生活打好基础，而且要对处境不利的同学多一些关爱，以更富有关怀的课程让他们感受温暖和美好，通过课程，追求和实现教育的质量和公平两大使命。 反思当下，可以说，现在的课程"锦上添花"多，"雪中送炭"少。从这种意义上，从教育承担的责任和使命看，课程改革应该更多地"雪中送炭"。

教师如何用课程育人

用课程育人意味着教师以身示范。曾经看过这样一个故事。有位老师新到学校，接手了一个难管的班级当班主任，她最开始的办法也是建立制度、进行奖惩，可是效果并不好，后来她换了一种方式。新的一周开始，第一位走进教室的学生，看见她坐在讲台上，捧着一本童书旁若无人地朗读。看到老师在读书，走进教室的第一个同学听、第二个同学听、第三个同学听……听着听着，后面来的同学也不好意思打闹了。这样坚持了一段时间，这个班成了全校学风最好的班。很多老师抱怨现在的学生不爱学习，那么问一问我们自己爱学习吗？

教师劳动具有主体性和工具性同一的特点。劳动的主体性意味着教师是创设教育环境、组织学习活动的主体，用什么样的教学内容去教学生？用什么方式去教？教师是教育行为的决定者和执行者。同时，教师自身又是劳动的工具，教师是把自己的言行举止和知识人格呈现在学生面前，通过以身立教和以身示范的方式去影响学生。因为教师本身就是课程，所以学校要组织教师进行培训，让教师自身不断成长，这就是课程建设。《论语》里有这样一句话："君子务本，本立而道生。"这里的"道"通引导的"导"，引导学生的"本"是自身修养、自身完善，教师自身要有情怀、有能力、有水平，站在学生面前，教师就是影响学生的课程。

就以学为本，我们有这样几个方面的理解：一是要以学生为学习的主体，教师再怎么努力，外界再怎么尽心，学生不学也没用，西方格言说："你可以牵马到河边，但是不能摁着马的头喝水。"做教育，你得引起学生学习兴趣，激发学生学习热情；二是要以学生为依据，也就是因材施教，"因"就是根据，要根据学生的可能、学生的发展需要施教，要找到这样的根据，你就要研究学生；三是以学习活动为手段，要通过安排和组织教学活动，实现学生的发展进步，教学的关键在于安排组织学生参加积极、有价值的学习活动；四是教师也要以学为本，你自己要成为学习者，你要善于学习，你要向学生展示学习的意义、方法与价值，让学生把你作为学习的榜样。

教师要领悟、实施和指导好课程。教师的课程意义同时也体现在教师要开发和建设课程。 美国学者古德莱德提出课程的五个层次：一是理想的课程，指由一些研究机构、学术团体和课程专家提出的应该开设的课程，这是学术性的、理想性的；二是正式的课程，即由教育行政部门规定的课程计划、课程标准和教材，也就是列入学校课程表中、编进教科书的课程，这是规范性的、统一性的课程；三是领悟的课程，这是教师研读课程标准、研读教材，并根据学生实际设计的课程，表现为准备带进教室的教学方案；四是运作的课程，一个好的教师应该精心预设和动态生成并行不悖，要有对教学现场的敏感，要对教学保持动态开放，课堂上实际实施的课程就是运作的课程；五是经验的课程，这是学生在课堂学习中实实在在体验到的东西，也即课程经验，这就是惠特曼诗中那"成为他的一部分，或者继续许多年或一个个世纪连绵不已"的东西。 我们用郑板桥的《题画》说明："江馆清秋，晨起看竹，烟光日影露气，皆浮动于疏枝密叶之间，胸中勃勃遂有画意。 其实胸中之竹，并不是眼中之竹也。 因而磨墨展纸，落笔倏作变相，手中之竹又不是胸中之竹也。""眼中之竹"是正式的课程，"胸中之竹"是领悟的课程，"手中之竹"是运作的课程，"观者所悟之竹"则是学生所得之课程。

在这样的课程推进过程中，领悟课程的主体是教师，运作课程是教师实际在操作，学生实际获得什么样的课程，教师又要加以引导，从这种意义上讲，是教师决定了课程，课程的关键在教师。 教师自身专业成长是建设课程，学校注重教师队伍建设本身就是课程。

教师在课程实践中要发挥选择、组织和引导作用。我们拟制了一幅框架图（图3），在这样的框架中，在教师和学生之间，有课程的中介在起作用，教师所做的就是提供学习（生活）环境，组织学习活动。 在这样的教育环境中，学生受到感染、熏陶，通过参与学习活动，实现成长和进步。

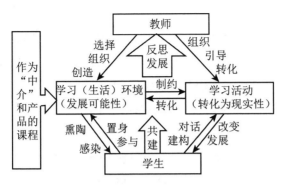

图 3　教师、学生与课程关系

教师在学习环境中的作用，主要是选择、组织和创造。法国社会学家埃米尔·涂尔干认为：教育本身不过是对成熟的思想文化的一种选编。先说选择，比如笔者在教学《晏子使楚》一课时，发现这一课可以教"尊重""勇敢""爱国"等主题。经过分析，我注意到，小学课文中关于此类主题的内容比较多，但有关"外交生活"的内容比较少，因此笔者选择把重点放在这里，课程的关键就在文化的选择，选择是课程开发的重要方式。选择之后要把内容组织起来，使之更符合知识的逻辑，更符合学生认知发展的规律，更适合学生学习。

教师对学习活动的作用主要在组织、引导和转化方面。这里举例说明。

很多年前，笔者看到一位老师教《液体的热胀冷缩》的教学片段。

这位教师拿着一瓶橘子水走进教室问："同学们，你们看这是什么？"同学们答这是橘子水。注意，教师为什么要问这一句？这实际上是起到了组织的作用，上课之初学生的注意力还没在课堂上，你先别忙着上课，先要把学生的注意力引到教学活动中来，这就是"组织"。

接着，教师问："那你们看见这瓶橘子水想研究什么呢？"有的学生想研究橘子水为什么是酸酸甜甜的，有的想知道为什么用玻璃瓶装，还有的想研究橘子水为什么是黄色的，都没有说到"热胀冷缩"上来，这时候教师做了一个动作，用手指比画了一下瓶子上方的空余之处，全班同学受到指引："老师，这瓶橘子水为什么没装满？"这就是"引导"作用。课堂确实要"放"，但是放的过程中教师还要注意"收"回来。这位教师的手势告诉学生：我们先不学其他的，我们先学这个，意在把学生拉到学习热胀冷缩这个内容中来。

教师接着问："我们可以研究这瓶橘子水为什么没装满。那你们还注意到有什么没装满？"同学们纷纷发言，发现酒、煤油、醋没装满。注意，同一水平的举例，少于3个不成众，多于3个可能浪费时间，见三就收。同学们说到第3个时，教师就说了："你们观察很仔细，那你们注意到它们有什么共同特征呢？"有同学指出都是液体。教师接过来："好的，我们就来研究液体为什么不装满。"这里，尽管学生已经说到要研究橘子水，但教师还要问"还有哪些"。注意，这就叫"转化"。没有这一招就可能会出现问题。新课程改革初，课改专家调研，一位小学教师上"热胀冷缩"，体现改革理念，组织学生探究，为了让学生看得更明白，在做实验时水中加了颜色，先加热膨胀，后冷却收缩，上了35分钟后，这位教师踌躇满志，以为这节课很好地体现了新课程理念，只需要最后一步，就可以圆满结束了。这时他拿出一瓶白酒问同学们是否会热胀冷缩，同学说"不会"，教师问为什么，同学们答"因为酒没有颜色"，教师只好解释一通，然后拿出一瓶醋来问同学们是否会热胀冷缩，大家还是说"不会"，这次的理由"醋是酸的"。下课铃声响起，很显然不能这样下课，教师耐着性子讲一阵，最后拿出煤油来问是否会热胀冷缩，但同学们还是摇头说"不会"。教师气急败坏："你们故意给我捣乱是不是？"学生很无辜："水、酒、醋都可以喝，但是煤油不能喝。"通过这个课例，我们会发现问题还是出在老师教的时候，水是水，醋是醋，煤油是煤油，酒是酒，就缺一个"转化"，没有让学生意识到，我们是在借这些物体来学习液体热胀冷缩的性质。

现在我们可以想一想，自己在平时的教学中是否注意到了转化？我们让学生做了一道题、两道题、三道题……是否教出了共通性的东西？如果没有教出共通性、可迁移的东西，学生即使做十道题，只要题目略有不同，学生就又不会了。优秀的教师能够举一反三，而水平低的教师可能举十都不能归一，为了保证质量，就不得不布置更多道题，这也是学生学业负担重的原因之一。通过这个例子，我们可以看到教师对学习活动可能有这些方面的作用——组织、引导、转化，这其中也蕴含着评价和监管，学生置身其中就会形成对话，形成建构，实现经验的获得，实现自身的成长。

学校课程如何开发

学校课程建设定位。 学校课程开发要有准确定位，就我们看来，学校课程需要思考以下课程变革定位。

（1）从"学生"的目的出发开发课程。 课程开发是为学生服务的，什么是学生？ 对这个问题进行追问，有助于我们建构自己关于课程开发的教育哲学。

简单地说，学生就是学习的人。 进一步问：学生是什么？ 我以为，狭义的学生是在学校里，在成人、同伴的帮助和影响下，学习生存的本领，获得生活的智慧，体验生命的意义、价值和尊严的人。 开发和提供课程，使学生能从其中学到生存的本领、生活的智慧，并且能在学习过程中感受、体验生命的意义、价值和尊严。 这就是课程开发的出发点和根本目的。

学校课程开发必须基于学生、为了学生，所有课程开发都应该建立在研究和尊重学生意愿、兴趣、现有基础和可能性，以及学生未来生活需要的基础上，要为学生而开课，不能为课程开发而开课。 同时要让学生成为学校课程开发的主体，学生社团、学生个体有意义的生活经历和经验，学生的爱好和特长，有的可以成为已有课程的组成部分，有的可以成为独立的一门课程。 学生参与课程开发，不同的经历和经验将提供影响彼此的环境，这种相互影响的活动又将带来学生的进一步改变。

（2）用多元智能理论安排学校课程架构。 新课程改革的一个重要理论基础是美国哈佛大学教育研究院霍华德·加德纳提出的多元智能理论。 多元智能理论为学校课程架构提供了某些理论借鉴。

多元智能理论认为：影响智力发展的有先天资质、个人成长经历和个人生存的历史文化背景这样三种因素。 在个人成长经历中，开启经历和关闭经历是两个重要的变化过程，是个体智力发展的转折点，前者起到开启智慧的作用，后者起着扼杀智慧的作用，后者通常与耻辱、内疚、恐惧等消极经历有关，它会中断一个人某种智力发展的路程。 学校课程开发和实践要开启学生各种美好生活的可能性。

如何开启呢？ 多元智能理论认为各种智力都有自己的发展规律并使用不同

的符号系统。很显然，你不能仅仅在课堂上通过语言的方式让学生学会游泳，要让学生学会游泳你需要开设游泳课……从人的全面发展角度看，学校课程需要具有丰富性和选择性。学校课程的特色应该体现在丰富性和选择性上，要尽量避免让所有学生花大量时间去从事某一项技能的学习和训练，特别是在很多同学并不喜欢，或没有表现出在这一领域的发展潜能、这一领域对未来生活没有太大意义和价值的时候。

有了选择性，还要注意均衡性。叶圣陶先生曾经有过这样的观点："我不忘记各种功课有个总目标，那就是'教育'——造就健全的公民。每一种功课犹如车轮上的一根'辐'，许多的辐必须集中在'教育'的'轴'上，才能成为把国家民族推向前进的整个'轮子'。这个观念虽然近乎抽象，可是至关重要。有了这个观念，我们才不会贪图省事，把功课教得太松太浅，或者过分要好，把功课教得太紧太深。"学校的课程要把握、平衡课程类型、学科教学内容和各种课型、相关内容的时间安排。

（3）用建构主义理论推进教学变革。就学生的学习活动和学习方式，我们首先强调要灵活多样。一方面，学生未来的生活需要多样的学习方式，比如，学生走进社会以后，会有听报告的接受学习，也会有自己解决问题的探究学习……学校课程应该给学生提供未来生活可能用到的多种学习经验；另一方面，不同的知识、技能和情感类型需要匹配不同的学习方法。学校的课程内容和教学方式都不能过于"偏食"，"偏食"可能带来"营养不良""体质虚弱"。但就当下的教学实际看，忽视学生参与、忽视学生主动建构是相当普遍的现象，课程实施应该关注建构主义教学理论。

最早提出建构主义理论的是瑞士心理学家皮亚杰，他从内因和外因相互作用的角度研究儿童的认知发展。皮亚杰认为，儿童是在与周围环境相互作用的过程中，逐步建构起关于外部世界的知识，从而使自身认知结构得到发展的。如何建构呢？学生不是通过教师的传授而获取知识，学习是学习者在一定的情境即社会文化背景下，借助其他人（包括教师和学习伙伴）的帮助，利用必要的学习资料，通过意义建构的方式获得的，"情境""协作""会话"和"意义建构"是建构学习的四大核心要素。根据建构主义理论，在设计和安排学习活动时，必须坚持以学生为中心，通过学生对知识的主动探索、主动发现，形成对所学知识意义的主动建构。 建构的本质是学生参与学习活动，学生的参与是课程得以实现的关键；"听而不闻""视而不见""学而不思"就没有实现课程的建构。

（4）努力让学习与生活关联起来。 杜威在《民主主义与教育》中说："课堂教学可以分成三种：最不好的一种是把每堂课看作一个独立的整体。 这种课堂教学不要求学生负起责任去寻找这堂课和同一科目的别的课或和别的科目之间有什么接触点。 比较聪明的教师注意系统地引导学生利用过去的功课来理解目前的功课，并利用目前的功课加深理解已经获得的知识。 最好的一种教学，是牢牢记住学校教材和现实生活二者相互联系的必要性，使学生养成一种态度，习惯于寻找这两方面的接触点和相互的关系。"当下课程的一个突出问题是学生和所学知识之间大多缺乏生活的桥梁，一些学生看不到所学知识与他当下和未来幸福的关联，看不到对生存、生活和生命的意义，学习成了索然无趣的被动行为。

针对这种单一教学样式的弊端，教育需要开辟新的出路。 新的出路就在于建立课程和学生生活世界的关联。 教学不是直接让学生面对抽象而缺乏生动感、意义感的知识，而是引导学生投身蕴含问题的生活情境（"知识问题化"），探索生活中的问题，在问题解决中建构新的知识（"问题知识化"），这样的过程可以让知识"有根"。 另外，获得知识本身不是教学的最终目的，运用知识把握和创造生活世界，使生活世界能更好地满足人的需要，实现人的幸福生活，体现人的价值和意义，这才是教学的最终目的。 教学需要引导学生运用知识，使他们能自觉地在自身力量的展现和实现中体会生活的意义，体会到知识"有用"、学习有价值，从而更加热爱生活、热爱学习，并致力于用所学知识创造更美好的生活。 在改善生活以及获得运用知识的往复中，形成学以致用、知行合一的学习态度和方法，使学习"有法"，通过"有法"的活动学会学习、学会生活。 "有根""有用""有法"的学习带来自身力量的增长与实现，带给学生审美的学习体验，让学生学习生活能"有美"。

校本课程开发的成果样态。 就大多数学校的现实水平而言，编印教材的学校校本课程开发并不值得推崇：首先，教材编写对中小学大多数教师的能力都是挑战，由于能力和时间有限，校本教材编写不仅容易搞成"剪刀加浆糊"，还可能出现片面狭隘、价值导向错乱等问题，对学生成长不利，同时，这样的编写也可能加重教师的负担。其次，《中小学教材编写审定管理暂行办法》规定："编写教材事先须经有关教材管理部门核准；完成编写的教材须经教材审定机构审定后才能在中小学使用。"未经审定，校本教材使用的合法性很容易被质疑。最后，校本课程主要是针对本校学生实际开设的，学生在变，他们的需要在变，而编印定型以后的校本教材很难对学生的需要做出及时调整，这种不能及时反应学生需求的校本教材，很快就可能成为"鸡肋"。

就我们看来，学校课程开发成果主要有这样一些成果样态。

（1）在办学目标中表达的课程目标。过去规划和表达学校办学目标，大多只有学校定位和学校发展目标（回答"学校是干什么的""学校若干年以后是什么样子""有什么样的面貌和影响"等问题）、学生培养目标（回答"学校走出去的学生是什么样子"，他们"有什么样价值追求和人生选择""有什么精神气质和文化修养""有什么样的人生储备和发展积累"等问题）、教师队伍建设目标（回答"教师有什么样的价值追求和生活状态""有什么样的能力水平和教育风貌"等问题）等。把课程看成学校的产品，办学目标就还需要有明确合理的课程目标表达。这里的课程目标就是对学校教育环境、教育活动的未来样态和作用发挥的总体规划和愿景描绘。

（2）学校的课程方案。课程方案是学校课程的总体架构和建设蓝图，它是学校课程开发的原则和依据，是向教育行政管理部门、社会、学生、学生家长传递和表达课程主张的核心文件，是学校教育环境和教育活动的建设宣言。内容应该包括学校课程理念，学校课程目标，学校课程的门类和结构，课程开发主体的条件和要求，课程开发的流程和质量标准，课程质量的管理和保证措施，等等。

（3）学校的课程开发指南。课程开发指南依据学校课程方案，为课程开发主体提供具体的开发工具。课程开发指南内容主要包括课程开发的流程（比如，课程需求调查，课程开发项目申报，课程开发项目审批，课程大纲编写，课程大纲评审，成熟课程发布，选课学生组织，教案编写和实践，课程评价，课程修正和完善等）以及相关流程的质量要求。课程开发指南的作用：一是规范和指导课程开发，保障课程开发质量；二是用于指导和培训课程开发主体，使他们能根据指南自觉、规范地参与课程开发。 基于指导具体实践的目的，开发指南要尽可能明确具体，对课程开发项目申报书、课程大纲等内容，要尽可能提供样例以供参考。

（4）课程（特别是校本课程）大纲（纲要）。 课程大纲由承担课程开发项目的相关团队或开课教师编写。 课程大纲的内容包括课程目标、开课方式、适合学习的对象和先期学习准备、开课时序和课程时长、主要内容架构和教学标准（这是课程大纲的主体）、课程考核和评估方式、开课的相关条件和要求等内容，它是开课教师所应遵循的基本开课规范。

成熟的课程大纲是学校课程开发成熟的标志，从规范管理、保障课程质量的角度讲，没有形成规范的课程大纲，就不能开设该门课程。 对于选修课，学校要定期发布可开课程的名录和课程大纲以供学生选择，还要引导他们了解和研究相关的课程大纲，学会选择。

对校本课程的物化成果，与其摆出一堆质量并不高的校本教材，不如呈现经过认真研究和审定的、较为丰富和完整、具有较高质量和实践基础的课程大纲（课程纲要）。

（5）课程教学方案。 在了解和研究课程大纲的基础上，学生选择课程组班。 课程有了学习者，具备了开课条件，就进入了具体的实施过程。 实施课程之前，执教者要根据大纲要求撰写讲义，编写讲稿和教案。 课程教学方案面向教学实践，是执教者根据课程大纲要求、面向具体学生、结合自身特点的实践创造。

这样，以选修课为例的学校课程开发流程可以进行如下的规划和实践：公布课程方案和开发指南—指定和自愿申报结合确定课程牵头人—撰写课程纲要—公布选修课程纲要，学生选课—根据选课情况，决定是否开课—教师备课、撰写课程教案—开展教学实践活动。

学校课程要呼应学生家长的愿望和需求。 学生和家长是学校课程改革的利益相关者，建设和发展学校课程，需要呼应学生家长的教育愿望和教育需求，需要和家长形成良性的互动关系。

从与家长互动的角度讲，第一，学校课程开发要调查家长对学校课程的需要，引导并呼应他们对课程开发的合理需要；第二，在课程方案形成以后，要宣传和解释学校课程方案，争取使他们理解、支持学校课程改革；第三，要组织和引导家长参与学校课程建设，尊重他们的参与兴趣，发挥他们的工作和生活优势，引导他们在学校课程开发中发挥积极的参与和建设作用；第四，引导他们参与课程评估，借助他们的力量优化课程的后续开发和教学实践，提高学校课程质量。

课程要遵循和符合教育规律，课程开发要适应儿童身心发展规律，要适应社会发展需求。呼应家长的需求不是顺应家长的需求，学校和教师要引导家长需求，使家长的教育需求更合理。2012年第23期的《人民教育》刊有江苏省锡山高级中学教育改革的故事。基于"真正的幸福建立在美德之上"的认识，学校认为"学校教育应该培养精神高贵的人。我们的教育应该让孩子拥有正义、仁慈的精神底色，崇尚美德，修身养性，有责任，有教养，以高贵的精神赢得社会地位"，要进行这样的改革，就需要改变家长只看分数的需求，就需要和家长沟通。锡山高级中学唐江澎校长选择了短信沟通的方式："我在从事经营你未来幸福的神圣事业，我把你对未来的祝福都储存在你的孩子身上。让他们拥有善良的品性，你未来的日子就多了一份温暖；让他们有了诚信的品质，你未来的日子就少了一份欺诈；让他们富有责任感，你未来的日子就多了一份担当；让他们有正义感，你未来的天空就多了一番晴朗。所以，关注未来就关注孩子的美德吧。"这是一种引导，这也是一种沟通。

在遇到家长对学校课程改革质疑时，学校既要虚心听取家长意见，又要有自己的定力，注意对家长进行积极的引导。在日本电影《小猪教室》中，星老师在教室里养小猪的课程被家长质疑，他们结伴到学校来提意见。校长把有意见的家长、课程改革的实施者星老师请在一起，相互了解和沟通。其中，校长的应对和处理堪称典范，值得重点揣摩。

第一位家长说："我的小孩儿因为照顾小猪，膝盖都擦伤了。体育课上受伤我们能够接受，为什么会因为照顾小猪而受伤呢？"

星老师："他受伤是因为跟小猪玩足球游戏，并不是因为照顾小猪。"（思考：日常的实践中，在家长说到责任的时候，老师很容易沉不住气，急于撇清，很想马上说明不是自己的责任。这是怕承担责任、没经验的老师的通病）

校长:"星老师,对家长而言,受伤就是受伤,在这里讨论理由是没用的。"(思考:校长比星老师有经验,她理解家长在自己孩子受伤以后,很希望有人能理解自己关心孩子的心情。校长也知道急于撇清责任的方法会引起家长反感,应该先听家长把话说完,所以赶紧打断星老师)

第一位家长继续抱怨:"还不只是这样,衣服都臭到无法和其他衣服一起洗,为了准备剩饭,还故意不把自己的饭菜吃光。我想其他家长可能也有很多这样的抱怨。"(思考:这位家长也是很有水平的,在说完反对的理由以后,她希望其他家长一起参与反对,一起帮腔)

家长们接过话头:"孩子是来学校学习的,还是来这里照顾小猪的?""老师,我的小孩儿回到家里只会谈小猪。再说养猪来吃,这也太残酷啦。""你刚当老师还很年轻,带六年级是不是负担太重了?我都想问你是六年级二班的老师还是小猪的老师?"(思考:家长的情绪趋于激动,讨论的问题也逐步升级,后来发展到直接指向老师,怀疑老师的动机、教学经验和水平)

静静听家长们说完后(备注:很佩服校长的冷静,应对这样的问题特别需要这样的冷静),校长说:"各位的意见跟心情我都能理解。(启示:沟通首先要表示理解,不要把对方的意见当成无理取闹。你认真听过对方了,你能理解对方了,你表达了对对方的尊重理解后,对方才更容易心平气和,也才会认真听取你的意见)我很感谢各位特地过来表达你们的意见。(启示:除了善于理解他人,还要善于感谢他人,要意识到他人对自己工作的批评和建议,能有效改善自己当下与以后的工作)我想请问各位一个问题:孩子们在养猪以后,有没有对星老师或者是对养猪一事表示出任何不满?"(启示:沟通的时候,不一定要正面应对,要学会迂回处理。学校、家长都有一个共同的目标,那就是要促进孩子成长。校长在这里的提问,实际上是想让家长转变一种视角,应该从孩子出发,用孩子的视角来看待这个问题,要从孩子成长的角度考虑这个问题)

这时,家长彼此望一望,意识到孩子们是没有这些问题的。等家长们对这个问题有所思考以后,校长对家长进行引导:"学校的课程要顺利进行,要靠老师和学生间的信任关系。星老师确实很年轻,(启示:要承认家长某些意见的合理性,特别是家长对真实现象的描述)但他很想让孩子们明白生活中一些重要的道理。就是因为很深刻地明白这一点,你们的孩子们才会同意和老师一起进行这个生命课程。(启示：校长要尽可能维护老师的形象，对老师合理的改革意愿与努力要给予正面的肯定和保护。但肯定和保护不应只是"护犊子"，而是要有理有据，最好的依据就是"学生怎么看")身为校长，我选择相信星老师和孩子们。(启示：表明学校的态度)希望各位能守护好自己的孩子，也保护孩子们信任的星老师。拜托各位。"然后给家长鞠躬，(启示：学校和老师都有引导家长的责任，并明确地向家长提出自己的希望和要求。另外，人与人沟通，理直不必气壮，在理由很充分的情况下，校长还诚恳地向家长鞠躬，这实在难得)紧接着星老师也站起来向大家鞠躬。

这是一个学校和家长沟通的案例，我们以为，从其中得到的启示对老师和家长的沟通、与其他人之间的沟通同样适用。

（陈大伟，俞佳慧，陈艾琳，杜胜洁）

做真教育，教人求善

——由《掩耳盗铃》想到的

"敬"的反面是"肆","肆"是放纵，是轻率，是随意，是不负责任。在遇到违背"善"的动机与行为时，教师一定不能随意处理、简单处理，要常有进行价值导向教育、引导学生"为善"的警醒和自觉。

善好的教育、为着学生完善的教育更有可能培养出善良的学生，引导学生过上善好的生活。

教师对教育求真，同时意味着追求符合教育规律、更高水平更有质量的教育。追求这样的教育离不开教育研究，教师应该成为研究者。研究是一种专业的态度，研究是教师应有的一种生活方式。

《掩耳盗铃》原为"掩耳盗钟"，出自《吕氏春秋·自知》：

范氏之亡也，百姓有得钟者，欲负而走，则钟大不可负；以椎毁之，钟况然有音。恐人闻之而夺己也，遽掩其耳。恶人闻之，可也；恶己自闻之，悖矣。

故事中的范氏即范昭子，春秋末年晋六卿之一，后为赵简子攻伐。范氏被灭，盗贼乘虚而入，盗得一钟，可惜钟太大，便想以椎毁而负之，然而钟声大作，情急之下，便做起"掩耳"这种自欺欺人的勾当，留下了千古笑料。"掩耳盗钟"后来逐渐被"掩耳盗铃"替代，但两者的意义差不多。

对《掩耳盗铃》做教育解读，我们可以有这样一些讨论。

教育要坚守"养子使作善"的初心

掩耳盗铃，终究是"盗"，无论采取如何高明的手段，"盗"的行为都应该受到谴责。就做教育而言，要强调的是"育，养子使作善也"，教育首先要有为善的目的性。

《史记·五帝本纪》中，舜对契说："契，百姓不亲，五品不驯，汝为司徒，而敬敷五教，在宽。""敬"的反面是"肆"，"肆"是放纵，是轻率，是随意，是不负责任。在发现学生有违背"善"的动机与行为时，教师一定不能随意处理、简单处理，要常有进行价值导向、引导学生"为善"的警醒和自觉。

实践中的真善美具有和谐统一的特点。但在教育生活中会有"真"与

"善"相冲突的情形，这时怎么办？ 求善应该成为优先选项。 在苏霍姆林斯基的教育经历中，曾经有过这样的故事：

> 萨沙是个五年级学生，他的一个同班同学有几支彩色铅笔，这在当时是十分稀有的。这位同学把彩色铅笔放在教室的柜子里，以便课余时间让每个想画画的同学都能画一画。有一天，彩色铅笔不见了。大家十分难过。毫无疑问，除了本班同学外，谁也不可能拿去。苏霍姆林斯基想拿走彩色铅笔的可能是最喜欢画画的萨沙。
>
> "谁也没有拿走彩色铅笔，"苏霍姆林斯基竭力使孩子们相信，"只是出了个差错。有人忘了把彩色铅笔放回柜子，他把彩色铅笔带回家了，这是差错。现在彩色铅笔正在他家的桌子上，明天他会放回原处的。这件事你们不要多讲了。"
>
> 萨沙低着头，脸红一阵、白一阵，眼里露出惊慌的神情。苏霍姆林斯基明白彩色铅笔就是他拿的。他心里想，这也没有什么可怕的，萨沙会带来放回原处的。
>
> 清晨，苏霍姆林斯基到学校读书，突然听到有人翻篱笆进来了。原来是萨沙，苏霍姆林斯基看了一下孩子的眼睛，孩子以极其苦恼的眼神哀求着，于是苏霍姆林斯基不由自主地从长凳上站起来向他走去。"发生了什么事，萨沙？""彩色铅笔……""放回柜里去吧。""教室门关着，该怎么办呢？"孩子绝望地问道。"给我吧。不要和任何人谈起这件事……也不要对别人讲你犯了错误。我把彩色铅笔拿回家搁一天，使用一下。"
>
> 萨沙松了口气，紧张的心情缓和下来了。他们进入教室时，从孩子们的眼神中，苏霍姆林斯基看到了期待。
>
> "彩色铅笔在我家里。"苏霍姆林斯基愉快地对孩子们说，"我自己也弄不清怎么会把彩色铅笔放进我的皮包，我要画一棵池塘旁的小白桦。明天我就把彩色铅笔带回来。"苏霍姆林斯基和萨沙的目光相遇了，萨沙那闪闪发光的眼神流露着对苏霍姆林斯基的感激。

从教育求真的角度，苏霍姆林斯基应该实事求是，但从儿童发展和求善的角度，说出实情会伤害萨沙的心灵，为了保护孩子的自尊，苏霍姆林斯基优先选择了求善。教师出于善意的行为，可能使孩子在潜移默化中受到感动，从而纠正自己的错误。《说文解字》对教育的解释是："教，上所施下所效也；育，养子使作善也。"善好的教育、为着学生完善的教育更有可能培养出善良的学生，引导学生过上善好的生活。教师需要坚守为善、求善的教育初心。

警惕培养"伪善行为"的教育

教育实践的善还意味着不对学生进行道德拷问，不把学生逼到难堪的边缘，使学生做出伪善的选择，要允许学生有自己的小秘密。

曾经观察一位老师上《中彩那天》，故事是贫穷的父亲买了一张彩票，也替富裕的库伯先生捎了一张。开奖了，库伯的号码中了一辆奔驰车，在库伯不知情的情况下，经过激烈的思想斗争，父亲给库伯打了电话，让库伯开走了奔驰车。执教者设计了这样一个问题让学生回答："如果是你，你会不会还？"这里有公开的道德拷问的嫌疑。想一想：你是成人，在这样的环境中，你会怎么回答？你恐怕也不好回答。

学生怎么回答呢？大多只能回答"要还"。但这是真实的吗？我们不排除有这样选择的，但也不排除被迫或主动说假话的。被迫说假话的可能心中充满痛苦，而主动说假话的人却可能得到鼓励和奖赏。

在这里，可能有朋友要问，不是要拉近学生与文本的距离，让教学影响生活吗？笔者的看法是，拉近距离，不等于没有距离、不保持距离。引导学生走进文本是为了理解文中人物的命运和生活，知道有这样的生活可以选择、值得选择，而不是用高标准要求学生一定选择同样的生活。

基于这样的思考，笔者更愿意这样设计问题：（1）"父亲的行为是值得称赞的，为什么？"，这就把对学生的道德拷问变成培养、引导学生的向善之心。（2）"文章说'那天吃晚饭时，我们全家围坐在一起。父亲显得特别高兴'，父亲为什么会高兴？"，这样可以帮助学生认识和理解诚信有德之人可以获得内在的平静，在体会德福一致时知道善行的意义和价值。

我们需要引导学生选择善行，但不能强制学生必须选择高标准的善。当我们施以强制，使学生不得不做出某些选择时，我们的行为本就不善，结果可能导致学生的伪善。

修炼人生智慧

关于智慧的定义，是一个仁者见仁、智者见智的问题，很难找到一个满意的答案。叩其两端，这里把知识和智慧、智慧和狡猾、智慧和聪明做个比较。

《论语》有"智者乐水，仁者乐山。智者动，仁者静"的说法，智者喜欢水，水的特点是动。受此启发，我们可以说知识是死的，智慧是活的，智慧是对知识的运用。如果读了一堆书却不会用，那么只是变成"两脚书橱"而已；只有把知识灵活运用于生活与实践，让知识发挥作用，这才说得上完成了转识成智。

关于知识与智慧的关系，英国哲学家怀特海在《教育的目的》中有这样的见解："智慧是掌握知识的方法。它涉及知识的处理，确定有关问题时所需知识的选择，以及运用知识使我们的直觉经验更有价值。这种对知识的掌握就是智慧，是可以获得的最本质的自由。古人清楚地认识到——比我们更清楚地认识到——智慧高于知识的必要性。""在某种意义上，随着智慧增长，知识将减少，因为知识的细节消失在原理之中。在生活的每一个哪怕是业余的爱好中，你可以学到很多的知识细节，养成习惯去积极地利用已经透彻理解的原理，才使他真正地拥有智慧。"可以说，智慧基于知识，但智慧不等于知识，实践中能用到的知识才是智慧。

智慧是对知识的灵活运用，狡猾也有对知识的灵活运用。那么智慧和狡猾的区别在哪里？英国哲学家罗素说："从伟大的认知能力和无私的心情结合当中最易于产生思想智慧。"智慧是把知识应用在正当的途径，体现合乎规范的伦理要求，智慧本身具有一种内在德性。而狡猾的人就是把知识用歪了，把知识灵活运用在歪门邪道上是狡猾，狡猾的行为应受到批评、谴责，乃至制裁。

就智慧和聪明而言，如果选择"小"与"大"两个形容词来修饰，我们会说小聪明、大智慧。聪明的格局小一些，考虑的是局部与眼前，可能是眼前不吃亏；智慧的格局大，视野宽，境界高明。另外，人们常常说"天生聪明"，却没有"天生智慧"的说法，这又说明智慧不具先天性，更多是后天养成的。智慧的养成性，给了我们这些平凡人养成智慧的希望。

这里以田忌赛马中的田忌为例。田忌经常跟齐国贵族子弟赛马，下很大的赌注。门客孙膑发现他们的马脚力都差不多，可分为上、中、下三等，于是给田忌建议："你尽管下大赌注，我能让你取胜。"田忌对孙膑十分信服，在和齐王以及其他贵族子弟们比赛前加大了赌注。临场比赛时，孙膑对田忌说："现在用您的下等马对付他们的上等马，拿您的上等马对付他们的中等马，让您的中等马对付他们的下等马。"三次比赛完了，田忌败了一次，胜了两次，赢得了齐王千金赌注。孙膑急于出人头地，提出这样的建议可以理解。对于最后做出决定的田忌，不知你怎么看。田忌用计赢得了千金，看起来很聪明，但从长远看，田忌的行为有违背规则、为自己谋求利益的嫌疑。从后果看，据《资治通鉴》记载："成侯邹忌恶田忌，使人操十金，卜于市，曰："我，田忌之人也。我为将三战三胜，欲行大事，可乎？"卜者出，因使人执之。田忌不能自明，率其徒攻临淄，求成侯；不克，出奔楚。"（齐国成侯邹忌嫉恨田忌的赫赫战功，便派人拿着十金，去集市上算卦，问道："我是田忌手下的人，田将军率军作战三战三胜，现在是进行登位大事的时候了吗？"待到算卦人出来，邹忌令人把他抓住，准备以此诬陷田忌。田忌无法申辩，一气之下率亲丁攻打国都临淄，想抓住邹忌，却不能取胜，只好出逃楚国。）邹忌陷害田忌，明眼人应该能够看出，齐威王更应该心中有数，那齐威王为什么不替田忌做主？这里可能就有田忌赛马用计赢了齐威王的缘故。田忌逃亡楚国，一直等到齐威王死去，齐宣王继位，辨明是邹忌陷害田忌，才再次召回田忌做将军。参考我们关于智慧的讨论，你还认为田忌赛马是智慧吗？可以说赢得眼前赛马的胜利只能算是小聪明，实在算不得大智慧。

日本企业家稻盛和夫提出过这样的人生公式："人生·工作的结果＝思维方式×热情×能力。"他认为："'思维方式'最为重要。与'能力'和'热情'不同，'思维方式'的分值从－100 到 100（'能力'和'热情'的分值从 0 到100。引者注），变化幅度很大。不厌辛劳，愿他人好，愿为大家的幸福而拼命工作，这样的'思维方式'就是正值；相反，愤世嫉俗，怨天尤人，否定真诚的人生态度，这样的'思维方式'就是负值。"我们要说，田忌赛马时的行为是为己的行为，缺乏德性，从长远看，这种思维方式是负值。

教育需要真情实感

1997 年，联合国秘书长科菲·安南对专访的中央电视台《焦点访谈》记者讲述了他少年时的故事。他说，有一天，我的老师在黑板上挂了一张白纸，白纸的右下方有颗明显的小黑点。他问我们："同学们，你们看到了什么？""一颗黑点。"我们整个教室里的人几乎都做出了这样的回答。我的老师说："不能这样，孩子们，你们不能这样。这首先是一张白纸！"

安南说："我的老师那一刻沉重的神情令我终生难忘。"说到这里，他突然直起腰，左手在自己的右手上用力握了握，泪光盈盈的眼神让人记忆深刻……

应该说，影响安南的既有老师那富有哲理的人生启示，也有老师别具一格的启发方式。但最根本的还是老师对孩子最深切的爱的真挚表达："老师那一刻沉重的神情令我终生难忘。"从这种意义上讲，真正的教育力量来自于老师的"真"，来源于真诚的关怀。

教育是思想与思想的碰撞，是心灵与心灵的交流，是生命与生命的对话，是一个灵魂唤醒另一个灵魂；未能触及学生情感，未能引发学生感动，它就不是真正的教育。要做这样的教育，教师应该有真性情，教育中应该用真性情，用真诚的方式形成真实的力量。梁实秋先生曾回忆听梁启超先生讲课，说先生短小精悍秃头顶宽下巴，穿肥大长袍，步履稳健，风神潇洒，左右顾盼，光芒四射。梁启超先生讲古诗，讲到精彩处，"有时掩面，有时顿足，有时狂笑，有时叹息""悲从中来，竟痛哭流涕不能自已"；情绪好转又"涕泗交流中又张口大笑了""每当讲过，先生大汗淋漓，状极愉快"，这是真性情，真君子！现在读来，也是令人神往。

曾经有一位老师问我："如何微笑着面对屡教不改的学生？"我的回答是："如果真是屡教不改了，你就不一定要微笑。你应该真实自然地表现出不满和失望，陶行知先生说：'千教万教教人求真，千学万学学做真人。'让学生学会共情，体谅他人本就是教育的一个目标，也是一种有效的教育方法。"

教育有多种手段和方法，教育需要多种手段和方法。轻言细语、循循善诱是一种选择；怒目金刚、当头棒喝，让学生悬崖勒马也是一种选择。和学生打交道，老师应该对自己的情绪有所控制，不能情绪化；但老师又不要做演员，不必在学生面前刻意掩盖自己的喜悦、愤怒、失望、伤心等情绪。正常的情绪表达能引导学生理解老师，从中受到适当的情感教育。对这样的情感表达，学生是会理解和尊重的，他们受到的触动也可能更深。

电影《蒙娜丽莎的微笑》中有这样一个片段，它告诉我们，必要时教师可以对学生的某些行为当头棒喝，展示自己的真面目、真性情。

凯瑟琳是富有主见的、敢于打破传统的老师，面对韦尔斯利女子学院主要为领导人培养妻子的办学定位，面对以成为一名好妻子为学习目的的学生，她执着而坚定地说"不"！她希望学生用自己的学习和努力创造她们的未来，而不是怀着找一个好丈夫、做一个好妻子的心态等待终老。她告诉学生："不，这不是你们想要的，你们可以做得更好，找回自己。"这样的举动不仅引起校方的批评，而且受到学生的质疑。贝蒂在报纸上发表文章公开指责："从韦尔斯利学院毕业的已婚女孩会在兼顾学业、婚姻方面游刃有余。……我们有责任、有义务来重新担当起自己在家庭里生儿育女、延续传统的角色。我们不明白的是，为什么学院艺术系的讲师凯瑟琳·沃森小姐决定对神圣的婚姻宣战？她颠覆了传统的教学内容，她在鼓动韦尔斯利学院的女孩摒弃生来注定担当的角色。"

因为恨铁不成钢！这一天，凯瑟琳声色俱厉地责问学生："未来的学者在看到今天的情形他们会说什么？一个在韦尔斯利学院获得全优成绩的毕业生、一个领到罗德奖学金的研究生，就是为了在替丈夫熨衣服的时候还能够背诵着乔叟的诗句？你们这些学物理的，就是为了计算你们所做面包的质量和体积？……你们这些最聪明的女性，我为了你们能够追求卓越挑战传统，怎么成了是在鼓动你们摒弃'生来注定担当的角色'？只是为了成为别人的妻子？这就是你生来注定担当的角色？看来我错了，下课！"说完，带着伤心的泪水，凯瑟琳离开了教室。

看到凯瑟琳离开教室的背影，同学们（包括贝蒂）陷入了深深的思考。后来，贝蒂写出了另外一篇评论："我的老师凯瑟琳·沃森特立独行，我把这最后一篇社论献给这位卓越的女性，她为我们树立了榜样，她促使我们用全新的视角看待这个世界。当你读到这篇文章时，她已经起航去欧洲了，在那里，她会发现有新的藩篱等待她去打破、新的思想等待她去发扬……我永远不会忘记她。"

在这里，我们看到了当头棒喝的教育力量。

真教育需要摆脱为己的私利

掩耳盗铃出于以"盗"的方式获得"铃"的私利。说到底，教育中存在掩耳盗铃最根本的原因也是"私利"作怪。要做真的教育，需要克服"私利"，在认清教育真相、知道什么是好的教育的基础上，用做真人的教育仁心坚守，不做假教育，杜绝假教育。

女作家毕淑敏写过一篇《谁是你的重要他人》，文中回忆儿时在"红五月"歌咏比赛排练中，音乐老师要求："毕淑敏，你听好，你人可以回到队伍里，但要记住，从现在开始，你只能干张嘴，绝不可以发出任何声音！"毕淑敏只好"做一个只张嘴不出声的木头人"。"小合唱在歌咏比赛中拿了很好的名次，只是我从此遗下再不能唱歌的毛病。"多年以后，毕淑敏说："虽然今天的我以一个成人的智力，已能明白她当时的用意和苦衷，但我无法抹去她在一个少年心中留下的惨痛记忆。烙红的伤痕直到数十年后依然冒着焦糊的青烟。"

假教育是受功利驱使、以功利为目的的教育。这样的教育是为了在比赛中取得好成绩，不让有些同学参加相应活动；是为了赢得好评，比赛课反复打磨，一再演练，背离了平时的常态……凡此种种，假教育教出了假学生。为人为己为社会，假教育当止矣！

真教育是教育者付出真心、过程真实、教出真人的教育。苏霍姆林斯基说："真正的教育者不仅传授真理，而且向自己的学生传授对待真理的态度，激发他们对于善良事物受到鼓舞和钦佩的情感，对于邪恶事物不可容忍的态度。"真正的教育是有良心的教育，是在正确的教育价值观的指导下，由抱有坚定教育信念的专业人士实施的。

教师生活不仅有教学的生活、学习的生活、交往的生活，而且有研究的生活。做真教育同时也意味着在研究中要真实诚恳。教师的研究生活需要遵循科研的规范、研究的伦理。

（1）坚持实事求是。 实事求是就是在整个研究中，不能为了实现研究假设、达到研究目的，人为地捏造和篡改研究数据，不得夸大研究成效，不得更改原始文字记录或图片，不能在成果中做出虚假的报告，不得剽窃他人劳动成果。 自然科学研究，强调科学现象和结论的可重复性、可验证性。 在教育科研中，很难以可重复性、可验证性来要求科研成果中的真实性，这更需要研究者实事求是的道德自觉和自律。

（2）尊重他人劳动和劳动成果。 在研究过程中要发扬学术民主，鼓励学术争鸣，尊重同行，不得阻挠和妨碍他人的研究。 进行讨论和学术争论时，应坦诚直率，科学公正。 以课堂教学讨论为例，"教学活动具有无限丰富性和多种选择性，在复杂的课堂教学活动面前，我们都必须抱有'我们未必了解别人''我们未必正确''即使我们正确，正确的方法也未必只此一种'的谦逊。因为未必了解情况，所以不能简单下结论，而是需要询问，需要倾听，少用句号，多用问号。 因为自己未必正确，自己不可能完全从逻辑上把握、规定和制约教学活动，所以对话和交流时就不能强加和压制。 因为正确的方法未必只有一种，所以需要容忍多样性、鼓励多样性、探讨多样性"。 在争论过程中，我们又要学会"不管在何人手里寻到真理，我都会表示欢迎和亲近，并且会轻松愉快地向真理缴械。 当我看见真理远远向我走来时，我会立刻做出投降的姿态"（法国作家蒙田）。 既不固执己见，也不轻易盲从，坚持服从真理和尊重事实。

（3）研究成果的署名要客观真实。 对做出实质性贡献的研究者不能不署名，署名的研究者应对本人的部分负责，署名顺序要按照实际贡献大小排列。未参加实质研究的人员不能在研究成果中署名。 为研究提供过支持和帮助的，但对取得相关成果没有实质贡献的参与者，可以说明他们在实际研究中的工作并致谢。

以研究的态度进行教育求真

教师对教育求真，同时意味着追求符合教育规律的教育。追求这样的教育离不开教育研究，教师应该成为研究者。研究是一种专业的态度，研究是教师应有的一种生活方式。教师的研究是对教育目的、教学内容、教学手段、学生学习行为和效果的审视和理性思考。

以小学语文教学的"猜字"为例。观察小学语文教学，一些教师常采用"猜字"的识字方法。我问这些教师为什么使用这种方法，他们大多会说，这是向别人学习的。这样的实践难免盲目，也很难保证效果。从研究求真的角度，我们可以提出这样一些问题。

一是汉字为什么可以猜？这就需要回到汉字的特点上。因为汉字主要是表意文字，造字本身有一定的规律，其形、声、义间有一定联系，汉字的造字特点和性质决定了有的字可以猜。

二是为什么需要猜？这主要是因为日常阅读需要。比如是否认识某个字并不重要，不认识也不影响阅读：随手拿到一张报纸，翻到一本小说，遇到一个不认识的字，作为一般的读者，我们是不会先把这个字搞清楚再读下去的，因为这会影响阅读的速度，影响对文章内容的整体感受。又如时间不够，来不及把每一个字都弄清楚，搞明白。再如缺乏条件，没有工具书或可以求助的人。这些情况下，就只好猜一猜，想一个大概。

三是猜字猜什么？一般的阅读不会出声读，所以主要还是猜意义而不是字音。那字义如何猜呢？首先是联系前后文猜，然后再根据造字规律来猜这个字。根据造字规律猜字时，不能只懂得形声字的规律，还要了解会意、指示等字的规律。意识到这一点，我们会发现实践中的很多老师在教猜字时，关注字音过多，往往只用形声字的造字规律，把会意、指示等造字规律忽略了。

四是猜字是不是一种识字方法？答案应该是否定的。因为猜字的方法是在阅读中使用的，是一种阅读方法；而且用猜字方法来识字并不可靠。一方面，并非所有的汉字都是按"六书"规律创造的，有些字完全可能猜错。如"射"字，身高一寸，应该不高；"矮"是将矢委之弦上，把箭放在弦上，应该是准备"射"。 这样一猜，就刚好反了。 另一方面，现在小学生接触的汉字有大量是简化字，字形的简化变化，使原有的指事、会意特点不明显，减小了猜正确的可能性。 要正确地识字，最好还是查字典、词典，培养学生在书桌上放字典的习惯。 还可以请教老师和其他人，勤学好问。 现在，信息和网络技术不断普及，利用网络也可以查生字，用猜字的方法识字也就不那么必要了。

五是如何培养学生在阅读中猜字的方法？ 可以在课堂上设计一个生活中的阅读情境，给一个含有学生不认识的字的文章，要求学生快速地阅读。 读完以后，问一问学生，你是怎么处理不认识的字的？ 如果有的学生说"我跳过去了"，我们也要肯定这也是一种有效的阅读方法；可能有的学生就会说"我猜了猜"，这时就可以讨论如何在阅读中猜字了。

通过自己的思考和研究，想通了这些问题，我们在教学生猜字的阅读方法时就能得心应手、游刃有余，而不会人云亦云、盲目低效。

教师要知错就改，不能文过饰非

作为教师，很容易为了维护自己的形象，明明犯了错却不敢承认，这是另一种方式的掩耳盗铃。 比如，上课时，有学生发现错误之处并指出来，有老师会脸不红心不跳地说："你能够发现这里的错误，说明了你认真学习并思考了，这是老师故意留下的陷阱，专门考考你们能不能发现。"值日生值日时粗心，老师记错了值日生是谁，狠狠地批评了另一位学生，这位学生委屈地说："老师，今天不是我值日。"有的老师会说："每个人都是班级的小主人，班级卫生不好难道你就没有责任？"……

学生不傻，对老师的文过饰非，他们自有评判，也可能会有自己的应对。

用教育慧眼发现掩饰和粉饰

我长期研究观课议课，这里以课堂教学的观察为例。

2005 年 10 月，我应邀参与一个区域的科研项目开题会。 开题会的时间是

10点，我大约9点就到学校了。这一个小时干什么呢？我向校长提出了观察一节课的要求。校长有些为难："已经上过一阵了，不好办。"我坚持说："没有关系，能听多少是多少。我平时没有太多的时间到学校。"在我的坚持下，校长只好随手推开一间教室的门："好吧，你就听听这位老师的课。"事后反省，这种不打招呼的"推门"听课，缺乏对老师的尊重，下不为例。但也正是这次例外，让自己有了新的发现。

这是一节8年级的语文课。老师正组织学生复习"长风破浪会有时，直挂云帆济沧海""忽如一夜春风来，千树万树梨花开""念天地之悠悠，独怆然而涕下"等名句。在大家读过、背过之后，老师想找一些同学在黑板上默写，以检查复习效果。这时，老师征求大家意见："同学们，现在我们要找几个同学到讲台前默写，先找一个最可能写错的同学上来写'长风破浪'一句。大家说，让谁来写呀？"

学生几乎异口同声："某某某。"

这位"某某某"就坐在我的身边，被点名后极不情愿，磨磨蹭蹭，但还是上去了——结果是"沧"字错了，"会"写成了"又"，在同学们的哄笑中，他灰溜溜地走下了讲台。随后，老师点评，第一句就是"果然写错了"。

各位老师，如果你观察过课，请你回忆一下：你是否观察到"找最有可能写错的同学来"类似的教学处理？现场和教师交流，我多次提出这个问题，没有一位老师说观察过这样的教学处理。工作几十年，观察了几千节课，对我来说，这也是唯一的一次。

为什么我这次观察到了呢？因为这一次我是课堂上的不速之客。上课老师没有想到会有其他人来听课。当她说出"找最有可能写错的同学"时，她有目光的暗示。当她目光转向这位学生时，她发现了我，我注意到了她吃惊的表情。但箭在弦上，来不及调整，她只能继续执行原有的计划。

这次的观课经历，让我有了这样的认知：只要有听课教师在（或者录像），课堂就会有掩饰和粉饰行为。所谓掩饰，是平常课堂教学中经常做的，此时要掩盖起来不再做了。所谓粉饰，就是平时的课堂不会这样做（比如精雕细琢的语言，合作探究的学习方式，花很多时间和精力做的课件），有人来观察了，就要采取新的教学理念、新的教学行为、新的教学工具和手段润饰一番。

这种掩饰和粉饰行为不仅在教师身上存在，在参与公开课教学的学生身上也同样存在：我曾经组织一批校长观课、议课，上课教师执教冰心先生的《一只小鸟》。课堂上，坐我身边的同学频繁举手，参与教学互动，积极回答问题。但就在这期间，我听到了他的一句嘟哝："无聊。"我轻声问他："什么无聊呀？"这位同学眼珠一转，想了想，说："这就是无聊的作品。"我想：首先，这篇文章是很有趣的；其次，对一个简单的问题直接回答就好了，为什么他要想一想？眼珠还转了一下？我突然意识到：这里的眼珠一转、想一想是在掩饰，"无聊的作品"不是他本来的所指，"无聊"应该另有含义。"无聊"是指什么呢？追根溯源，我是在 2006 年 12 月，一个周五的下午 5 点和授课教师取得了联系。这位教师给我说了这么几个问题：临近期末，新课已经上完；学生已经放学回家，没有时间另选文章；这次活动有很多校长参加，水平很高，她不能冒失败的风险。基于这样一些原因，她要上一节学生上过的课。就此，我可以推断，学生嘴里的"无聊"是对学过的、熟悉的东西感到无聊；当我问他什么无聊时，他用"这就是无聊的作品"来掩饰这是已经学过的课文。那为什么他不直接说教学无聊呢？再想一想，我就明白了：学生很爱护他的老师和学校，他不愿意直接说教学无聊。我同时意识到，他的频频举手只是在配合老师而已。

电影《楚门的世界》启示我们，很多时候"你所看到的，只是别人想让你看到的"。因为有这种种的掩饰和粉饰，我们也可以说，在课堂上你所观察到的，只是授课教师想让你观察到的。因此，对于观察课上的表面现象，以及机器收集和整理的数据，可以借鉴，但不可以全做依据；可以部分相信，但是别全信。

课堂存在掩饰和粉饰行为，大致有这样一些原因。

一是"爱美"之心。有老师问："怎么杜绝公开课这种掩饰和粉饰行为？"我认为，这是杜绝不了的，爱美之心人皆有之；就像有客人要到你家做客，你要打扫一下房间，打扮一下自己。杜绝是杜绝不了，但还是可以有所改变，比如献课的目的可以由向别人展示调整为发展自己。如果想发展自己，就不如原生态一些，让观察者发现你真实的问题，对你成长和改善会有所帮助。

二是为了自身的"安全"。很多课堂观察都带有评判的性质：这节课有哪些优点，有哪些缺点；课堂上哪些地方处理很不错，哪些地方处理得有问题……这样的评判，让承担公开课的教师承受着巨大的压力，公开课只能上好，只能让观课老师满意。如果出了问题，观课教师就可能吹毛求疵。要知道，课堂是教师人生的舞台，批评一位老师的课堂教学，可能间接否定了他的职业追求、教学投入、教学能力水平，影响其未来的教师生涯。从安全角度考虑，一种理想的选择就是掩饰和粉饰。调整执教公开课的"利害关系"，尽可能地少评多议，在议课中讨论现象，这也有出于减少掩饰和粉饰的考虑。

三是为了有所贡献。从更高尚动机的角度，课堂上的掩饰和粉饰也希望对观课的老师有所启示、有所帮助。比如，一些名师对一些课精雕细琢、反复打磨，一年做一两节课去展示、讲解。这里面有没有掩饰和粉饰？我以为也是有的，也可以说是必要的。

在问及"是观察经过掩饰和粉饰的课堂，还是原生态的课堂更有价值"时，绝大多数教师都会认为要观察原生态课堂。因为一线教师的绝大多数课，都是没有掩饰和粉饰的常态课，这样的课更有观察、研究的意义。一方面，我们需要观察原生态的课；另一方面，粉饰和掩饰又是难以杜绝的现象。基于这样的动机和现实，我们在课堂观察中就需要穿过掩饰和粉饰，抵达尽可能真实的课堂。

一是不仅要观，而且要察。观察，一方面是运用多种感觉器官以及必要的观察记录工具，有效地收集和整理课堂信息（"听"也是观察的一种重要方式）——"观"；另一方面是要运用感性和理性感悟、体验和分析，以获得对课堂教学的认识和理解——"察"。《论语》中说："视其所以，观其所由，察其所安。"也就是说，要认识人和事物，既要看他的作为、了解他的思路，更要考察他的动机和价值追求，这样才能够更真切地认识、理解和把握观察对象。宋代哲学家邵雍在《观物篇》中说："夫所以谓之观物者，非以目观之也；非观之以目，而观之以心也；非观之以心，而观之以理也。"以目观物，见物之形；以心观物，见物之情；以理观物，见物之性。这样，真正的"观"就不只是用眼睛看，用耳朵听，而且要用心灵感悟和体验，用头脑思考和判断，去"察"。日本教育家佐藤学先生说：必须读懂看起来单纯的事件背后所隐藏的复杂性。

观察不仅要指向教师的行为，而且更要针对学生学习行为、学习效果，要坚持以学论教。在《一只小鸟》的课堂上，对学生课堂行为的观和察，让我们发现了学生身上的掩饰现象，发现了学生对教师粉饰现象的不满——"无聊"。

二是注意询问和对话，通过对话了解执教者真实的意图、背后的观念。在让学生默写"长风破浪会有时"的案例中，笔者事后询问上课教师："你这样处理，有什么样的想法？"她的回答："某某某同学语文成绩不好，我和他多次交流，他都不以为意。这次我想用这种办法让他认识到自己的问题，使他想法赶上去。'请将'不如'激将'。"她的回答使我意识到：尽管一些中小学教师的教学行为不合理、教学效果不理想，但他们中的绝大多数都怀有让学生学得更好的良善动机，只是他们不了解还有其他的方法，不知道寻找、选择和运用更好的方法；因此，对这些看似不合理的行为，我们应该尽到指导、帮助的责任，而不是随便批评。

三是注意运用真实实践还原的方法。这就是要站在实践的角度，站在实际可能的角度观察、思考，剥掉"公开课""展示课"上的掩饰和粉饰，还原到真实的实践情境中去。比如，对课堂上的教师行为提出这样的问题："这样的课在平时的教学中会是什么样的状态？他平时会这样教吗？""设计这样的课堂需要什么样的条件？有什么样的投入？平常教学是否有这样的条件，一线教师在日常生活中能否付出这样的投入？"……之所以要做真实的还原，主要原因是平时我们课堂观察的目的，不是要解决课堂教学的认识问题，而是解决课堂教学的实践问题，即如何在真实课堂上做出可行的改进型实践。

教学要注意教结构

就《掩耳盗铃》的教学，笔者曾经进行过以下的观察和讨论，课堂上有这样的教学过程。

老师：同学们，前面我们学习了《守株待兔》，那是一篇寓言，今天我们学习《掩耳盗铃》，它也是一篇寓言。大家说一说，什么是寓言呀？

同学们（七嘴八舌）：

"有个故事。"

"有道理。"

"要讲一个问题。"

············

老师：大家说得都很好，寓言就是有故事，有道理。现在大家打开书，我们看一看有哪些不认识的字。

（接下来，老师先教字，再讲词，再一段一段讲解，最后让学生体会道理，55分钟才下课）

课后，笔者和授课教师有过如下的交流和讨论。

笔者：某老师，你好。可能你自己也意识到了，今天上课用了55分钟，已经超时15分钟。现在不上课了，我们回过头来想一想，时间浪费在什么地方？

授课老师：我也着急，汗都急出来了，可就是上不完。你说哪个内容可以不处理？字、词、段、故事、道理，都需要呀，我也不知道怎么办。

笔者：我注意到，你的语言可以再简练一点，很多琐碎的言语浪费了时间，我们不在这里讨论。我想，我们可以看一看你的教学思路和设计。

授课老师：思路吗？应该说，教学还是按照我的思路进行的，就是不知道为什么上不完。

笔者：可不可以调整思路？

授课老师：这我倒没有想过，大家不都是这样上吗？

笔者：问题是这样上，已经不能完成教学任务，我们教得很吃力了。

授课老师：你觉得这种思路有什么问题？

笔者：我觉得开头很好。

（回顾教学导入的环节）

授课老师（谦虚）：也没有什么好。

笔者：我觉得很好，它使《掩耳盗铃》有了基础，而且学生知道了这是寓言。只是后面没有用好。

授课老师：怎么用才更好呢？

笔者：可以把"寓言"两个字的文章作足。

授课老师：就教这个？

笔者：不是，是利用"寓言"的结构来组织整个教学。

授课老师：你说具体一点。

笔者：寓言是什么？学生回答，你也总结出来了：寓言是假托一个故事，说明一个道理，寓理于言中。这之中"故事"和"道理"是寓言的核心。你可不可以在这里不是转向字词处理，而是转向"故事"和"道理"？

授课老师：你的意思是不忙于处理字词，而是直接理解故事？

笔者：是的。我想，可以这样提问："寓言是通过一个故事说明一个道理。现在请同学们读一读，写了一个什么样的故事？"

授课老师：陈老师，不行，学生读不出这个故事。

笔者：读不出我们还可以引导呀。你能不能给我说一说，故事是什么呢？有哪些要素？

授课老师：故事就是讲一件事情，有起因、有过程、有结果，一般还有人物。

笔者：好啊，"起因""过程""结果""人物"，这就是故事的结构。学生不能理解故事，我们可以启发学生："故事有起因、有过程、有结果、有人物。请大家在读书的时候，找一找故事的起因、过程、结果和人物，并在下面做上记号。"

授课老师：可是……字词怎么办？

笔者：先让学生交流故事，在交流故事中，他们必然涉及字词，这时再处理字词也不晚呀。除了字词，恐怕段与段的衔接和过渡也可以在这里处理。

授课老师：寓意呢？

笔者：我觉得，在理解故事后，就可以这样引导出来，"刚才大家知道了这是怎样的一个故事。但寓言要说道理，现在请大家说一说，你们体会到了什么道理？"

授课老师：我知道了。看来对"寓言"本身利用不够。

笔者："寓言"在这里起什么作用呢？它就是奥苏贝尔说的"先行组织者"。什么是"先行组织者"呢？"组织者"就是在学习新材料之前，提供的在抽象、概括和包摄水平上高于学习材料本身的引导性材料。在这里，《掩耳盗铃》是一个寓言，是寓言中的一个特例，"寓言"是一个"组织者"；而"掩耳盗铃"又是一个故事，"故事"又是它的一个"组织者"。

授课老师：你慢一点，你刚才还说到"先行组织者"，什么是"先行"？

笔者："先行"，简单地说，就是在学习新材料之前提供。你看，我们先说"寓言"是什么，有什么样的结构，再说《掩耳盗铃》是寓言，引导同学们在这种结构下学习这个寓言。先说"故事"有起因、过程、结果、人物，再在这样的结构下理解故事。在这里，"寓言"和"故事"是不是在"先行"？

授课老师：可是……这不是和新课程提倡的探究学习矛盾吗？

笔者：《基础教育课程改革纲要（试行）》是这样说的："改变课程实施过于强调接受学习、死记硬背、机械训练的现状，倡导学生主动参与、乐于探究、勤于动手，培养学生搜集和处理信息的能力、获取新知识的能力、分析和解决问题的能力以及交流与合作的能力。"你要注意，要改变的是"过于强调接受学习"，我们不能排除接受学习的意义和价值，更不能什么都要求探究学习，有的学习材料根本不可能用探究学习。

现在来分析一下运用"先行组织者"教学策略的意义。"先行组织者"教学策略实际上是一种教"结构"的策略，布鲁纳的发现教学法也是建立在结构主义教学论基础上的。他主张，知识是有结构的，而结构就是事物之间的联系，学习就是学习事物是怎样相互关联的，发现学习引导学生发现事物是怎样关联的。在这一节课中，通过"先行组织者"教学策略，先用"寓言"的结构可以使《掩耳盗铃》在头脑中找到固着点，这样，《掩耳盗铃》的故事和道理就不会轻易被遗忘。而学习《掩耳盗铃》则进一步加深和丰富了学生对"寓言"的理解，他们进一步掌握了"寓言"的学习方法，以后，面对"寓言"，他可能首先从"故事"和"道理"入手，用"结构"的方法去学习。也就是说，"教结构"还有利于提高学生自主学习的能力，使学生学会学习。

现在我们对寓言教学做这样的整体设计。第一次教寓言可以用发现的方式，让学生学习故事，然后分析其中蕴含的道理，认识寓言是用假托的故事或自然物的拟人手法说明某种道理或教训的一种文体，建立起寓言的概念来，建立理解寓言的基本结构，也奠定寓言的教学结构；第二次教，可以在此基础上练结构，老师带学生用这样的结构去理清故事脉络、体会道理；第三次则可以放手让学生用结构，自己根据结构去研读故事、发现道理。 这样基于结构的教学可以有效地达成"教是为了不教"。 这样教学使学生对"寓言"的认知和理解有源，有了对"寓言"的认识和理解，就获得了理解具体的寓言故事的"透镜"与框架。 同时我们还可以运用这样的理解去整理分类相关的文本，这样高于具体故事的、具有解释和分类整理效力的概念可以说是学习寓言获得的"大概念"，运用这样的"大概念"意味着获得素养。

（陈大伟，钟芽）

从《螳螂捕蝉，黄雀在后》看有效沟通和影响

价值判断是对行为目的本身的审视与选择，是发现此时此地什么更有价值、什么更值得追求的思辨过程。

教学内容的合理性追求应该优先于教学方法的有效性选择；教学首先要理解和选择好教学内容，也就是先要想好"教什么"。

一个理性的教师不仅要思考教了什么，而且更要思考为什么选择这些东西来教，也就是要致力发现教学的意义、实现教学的意义。

教学效率＝（同学们围绕合理教学内容的适度紧张的智力活动时间＋有价值的情意活动时间）/教学投入时间。

《螳螂捕蝉，黄雀在后》正典出自《庄子·山木》。现在，故事大多根据刘向《说苑·正谏》改编：

春秋时期，吴王准备攻打楚国，遭到大臣的反对。吴王很恼火，警告群臣："有谁胆敢阻止我出兵，将他处死！"

王宫中一个年轻侍卫想出一个办法：每天早晨，他拿着弹弓、弹丸在王宫后花园转来转去，露水湿透他的衣鞋，接连三天都是如此。吴王很奇怪，问道："这是为何？"侍卫道："园中的大树上有一只蝉，它一面唱歌，一面吸饮露水，却不知已有一只螳螂在向它逼近；螳螂想捕蝉，但不知旁边又来了黄雀；而当黄雀正准备啄螳螂时，它又怎知我的弹丸已对准它呢？它们三个都只顾眼前利益而看不到后边的灾祸。"吴王听后，改变了攻打楚国的主意。

《螳螂捕蝉，黄雀在后》（以下简称《螳螂捕蝉》）寓言的本意是人做事不能只顾眼前利益，而忽视潜伏的祸患。寓言的主体是年轻侍卫与吴王的沟通，是年轻侍卫对吴王的影响。教育的本质就是沟通和影响，本文就以《螳螂捕蝉》讨论教育如何沟通和影响。

教育沟通要优先立足影响效果

沟通的目的或在于了解和理解某些人物、事件，或给对方以预期的影响。《螳螂捕蝉》中年轻侍卫的目的在于对吴王形成影响，其结果是吴王受到影响，放弃攻打楚国。这是成功的沟通。

要基于目的，要立足效果，要追求效果，这是我们在教育沟通时首先要注意的。笔者观课议课，多次和老师们交流，曾经听有的教研员说："对授课老师的批评，不管他听不听，反正我要说。"这就是缺乏效果意识的沟通。说的目的是什么？不就是要让对方听吗？如果说的东西对方不听、反感，使别人讨厌你，并进而对贡献公开课心怀不满和恐惧，丧失了参加教研活动的积极性，这岂不是南辕北辙？

黎巴嫩诗人纪伯伦曾经有"我们已经走得太远，以至于忘记了为什么而出发"的感叹，从沟通的角度，我们首先要想为什么沟通、沟通的目的是什么，从沟通的结果和效果规划、设计沟通。

对教学目的先要进行价值判断

寓言中年轻侍卫的目的是劝阻吴王攻打楚国，这背后有避免吴国被楚、越两国夹击，使吴国安全的价值追求，有不攻打楚国比攻打楚国更有价值的判断。

价值判断是对行为目的本身的审视与选择，是对此时此地什么更有价值、什么更值得追求的思辨过程。找到更有意义且合适的行动目的需要进行价值分析与选择，这包括价值发现、价值理解、价值比较和价值选择。

价值比较建立在价值理解基础上，它在某一具体情境中，是对价值重要性的认识和判断，比如，在学习时间有限的前提下，是花时间让学生掌握系统知识更有价值还是花时间培养学生学习能力更有价值？是教这个内容更有价值还是教另外的内容更有价值？价值比较是在时间有限、资源有限的条件下对什么更值得选择的比较。

价值选择是价值比较后就重要性与优先性进行的排序，排序意味着轻重缓急的选择和安排，经过这样的价值取舍，就能内心坚定，在行动中有取有舍，抓住重点和关键，达到事半功倍的效果。

精心预设的沟通更容易成功

在《螳螂捕蝉》的故事中，年轻侍卫与吴王的沟通是有风险的，但他最终成功了，年轻侍卫的沟通方法有哪些地方值得学习呢？ 曾经观察一节《螳螂捕蝉》的阅读课，老师提出问题："那个年轻的侍卫是怎样劝说吴王不要派兵进攻楚国的？ 他这样劝说妙在哪里？" 一位同学这样回答："年轻侍卫的方法主要有：首先是引起注意，使吴王对他的行为好奇；其次通过举例的方法劝说吴王；最后还不直接给吴王说答案，点到为止就行了。 这样处理的妙处是：从个人角度，不直接说，可以不冒风险，因为吴王说过'有谁胆敢阻止我出兵，将他处死'，如果出了问题，是吴王主动询问的；从吴王的角度，点到为止，给吴王留了面子，他更容易接受；从国家的角度，他暗示了国王做事要通盘考虑，由此让吴王改变主意，使国家避免了一场战争。"这位同学的理解十分到位，听着这样的回答，不仅可以让我们体会到教学需要开放，给学生思考和表达的机会，学生可能还我们以惊喜，教师需要而且有必要向学生学习；而且启发我们成功的沟通需要深思熟虑，需要精心设计。

设想一下，如果没有吴王的"有谁胆敢阻止我出兵，将他处死"，沟通或许可以更直接；如果吴王不是以国家利益为重的人，年轻侍卫或许不用说，因为"说了等于白说"；如果吴王不是一个聪明的人，或许需要更清楚地说："当我们和楚国交战的时候，越国这只'黄雀'正在后面准备攻击我们。"凡事豫则立，不豫则废，这里的"豫"就是事前准备、事前计划。 无论何事，倘若想要做好它，就必须要精心谋划与设计。

首先要进行教学内容的理解和预设

1981 年秋，笔者还是四川省中江师范学校的学生，和同学们一起到中江县实验小学见习，上示范课的老师讲《插秧比赛》。 课后讨论，实验小学的教师和我们这些未来的教师都对教学赞不绝口。 直到带我们实习的罗旭光老师发言，一番肯定以后，罗老师说："在插秧比赛中，应该抓住的关键是什么呢？ 应该抓住的是'比'，插秧能'比'的是什么？ 无非就是比速度和质量，如果依此梳理比什么、谁在比、用什么比、比的结果是什么，就可以起到提纲挈领的作用。 另外，我们要想一想教材为什么要编入这篇课文，为什么课文中选择有经验的老农和才毕业的中学生比，为什么要用插秧机，这说明比的不是插秧，而是在比经验和科学，因此教学内容中应该包括'科学就是力量'的价值观念。"真是"拨开乌云见青天""一语惊醒梦中人"，这奠定了笔者的一种教学理念：教学内容的合理性追求应该优先于教学方法的有效性选择；教学首先要理解和选择好教学内容，也就是先要想好"教什么"。

那什么是教学内容呢？ 简单地说，学生在学习活动中应该得到的东西就是教学内容。 也可以说，教学内容是教师计划安排的和在教学活动中动态生成的，需要学生学习的知识、技能和行为经验的总和，它是教学中的基本活动内容，是实现教育目标的基本保证。 就教材与教学内容的关系看，教材是教学内容的载体，教师需要研究教材，根据学生的实际选择教学内容，并把教学内容蕴含在教育活动中，然后围绕教学内容组织学习活动，实现教学目标。 可以说，教材只是提供了特定的题材和素材，对特定题材和素材应该教什么、学什么的内容的选择和确定就是教学内容的研究。 教师需要研究、理解教材，教师不是"教教材"，而是"用教材教"，用教材教什么？ 教教学内容！

如何研究和确定教学内容呢？ 图4是北师大版数学教材第三册的一个练习题。 题目要求学生在方框里填上数字，在圆圈里写上运算符号。

图4　北师大版数学教材学生练习图

学生大多这样做：

左图：3×5＝15 或 5×3＝15

右图：5＋3＝8 或 3＋5＝8

对右图，也有学生通过圈画，写成 2×4＝8 或 4×2＝8 的。

这是教材和学生完成的情况。问题是：这里仅仅是让学生知道 3×5＝15 和 5＋3＝8 吗？如果只是让学生知道 3×5＝15 和 5＋3＝8，可以说仅仅是"教教材"。走向"用教材教"，我们可以提出并思考以下问题。

（1）该教学材料以及学生完成学习活动的核心教学内容是什么？思考后我们意识到，这里的核心教学内容不只是用 3 或者 5 的乘法口诀进行计算。更重要的教学内容应该是让学生比较什么时候用加法，什么时候用乘法，以此运用与巩固乘法运算。

（2）确定这样的核心教学内容的依据是什么？从教材看，根据知觉具有加工性和整体性的特点，在左图中我们知觉到的对象可能是一共 5 列，每列 3 个人；或者一共 3 行，每行 5 个人；要完成的任务是计算"3 个 5"，或者"5 个 3"，求它们的和，应该用乘法。在右图中知觉到的对象可能是两行：第一行是 3 个人，第二行是 5 个人，基于这样的认知加工，和左面的图形不同，右图要计算的是"5 和 3"，应该用加法；这是研究和确定教学内容的教材依据。从学生水平和能力看，学生早已学过 10 以内的加法，又刚学过 5 的乘法和乘法口诀，具备学习相关内容的知识储备和基础，这是教学内容选择的学生依据。

（3）依据实施核心教学内容的要求，应该怎么教？围绕这样的教学内容和目标施教，就一定要扣住"我看到 3 个 5，所以用乘法""我看到 3 和 5，所以用加法"等来表达、讨论和交流。对于右图，有的同学处理成 2×4＝8 或 4×2＝8，行不行呢？当然可以，这是要尊重学生个性化的知觉加工方式。知觉加工方式不一样，但基本的教学内容是不变的，还是要引导学生说出"我把他们看成 4 个 2，或者看成 2 个 4，我用乘法的方法计算"。这是扣住核心教学内容的教学活动。

（4）为何不直接告诉学生"看到几个几用乘法，几和几用加法"？经过思考和讨论，我们就会明白，直接告诉学生只是知识教学，不利于发展学生素养。教学不是告诉和告知，学生不是接受知识的"容器"；教学需要借助学生活动，在学习活动中建构。发展学生核心素养，需要学生参与、经历、实践、体验。基于某种问题情境的参与，可以发展学生观察、思考、比较的能力；学习不能只是接受学习，学习是参与和投入学习活动；教学不只是教知识，在学习活动中，大家在彼此讨论和分享中，可以发展出观察、比较、参与、表达、倾听和讨论等能力，实现学生更丰富更全面的发展。这样，我们就更能理解德国哲学家雅思贝尔斯的看法："教育不仅是知识内容的传授，还包括生命内涵的领悟、意志行为的规范和灵魂的启迪。"教育的关键在于选择教育内容并使学之"思"导向事物的本源。

要研究和实现教学内容的意义

理性的教师不仅要思考教了什么，而且更要思考为什么选择这些东西来教，也就是要致力于发现教学的意义、实现教学的意义。借助这个案例，我们来思考、讨论发现和实现教学意义的路径与策略。

（1）研究和发现教学内容的意义。仔细研究，我们就会发现，比如，学习注水和放水的知识不只是考试需要，更是生存和生活的需要：注水和放水是生活中动态变化现象（汽车流量变化、森林的林木蓄积量变化、人口总量变化、银行储蓄资金变化等）的抽象；学习这样的内容，建构处理类似问题的数学模型，可以帮助学生获得对动态变化事物进行计划、控制和管理等实际生产、生活的能力。

（2）对概括和抽象的知识进行生活现象还原，寻找生活的原型或可能。在明确了教学内容的意义以后，要研究与此相关的真实世界的情境是什么，并从中选择和学生日常生活最为贴近的情境作为教学中的生活情境。比如，我们可以找到这样的日常生活现象：在家庭生活中，有一边在存入，一边在开支，同时又在积蓄买某种物品（比如住房、汽车）资金的现象。

（3）对生活情境进行改造，使其成为有助于实现教学意义的教学情境。

课堂上的情境不是生活情境，而是一种特殊的问题情境。维果茨基认为："教师是教育环境的组织者，是教育环境与受教育者相互作用的调节者和控制者……社会环境是教育过程真正的杠杆，而教师的全部作用则可归结为对这一杠杆的管理。"改造生活情境为教学情境，需要和学生实际、教学目标、教学条件结合起来，要经得起相关心理学和教育学一些基本原则的检验与考量。教师对问题情境的选择和组织是教师的一项专业的课程建设能力。对于小学生，我们可以设计和提出这样的问题：你要存钱买一个玩具，如果光存入不开支，5 个月能存够买玩具的钱，光开支不存入，12 个月会用光买玩具的钱。实际的情形是，你既有存入也有开支，在这样的情况下，你需要多长时间才能存够买玩具的钱？

（4）引导学生围绕自己的生活问题进行探索、发现与解决。玩具是孩子自己要买的，需要安排和计划，这是自己的生活。在这样的探索和发现过程中，学生能体会学习和掌握知识是一种生活的需要，知识是改善生活的工具，学习将充实与增加规划自身和改善生活的力量。

基于向注水和放水问题模型过渡的需要，此一教学阶段，教师要有意识地引导学生借助数形结合的思想，完成解决此类问题的初步的图形化建构（图5），搭建学习新知的桥梁。

（5）从现实中的生活原型到数学问题解决模型的抽象和建构。日常生活问题解决带来的只是经验，从经验到知识需要一个抽象的过程。这样的过程是帮助学生改造经验，从中获得延展性和迁移性知识、技能的必然过程。在这一案例的教学中，如果教学仅仅停留在买玩具的问题上，控制、规划动态变化现象的知识和方法就只有一个点，无法迁移，学生的数学知识和技能很难过关。要完成数学抽象，进行数学建模，一方面需要"情境化、时间化和个性化"的生活原型的基础，另一方面又要从"情境化、时间化和个性化"的生活原型中走出来，获得一种处理类似情境的相对普遍的知识和技能。这时，教学需要从贴近生活的问题过渡到适度远离生活的注水和放水的问题（图6），让学生从"水池蓄水"的问题解决中领悟计划、控制动态变化事物的思路和方法。

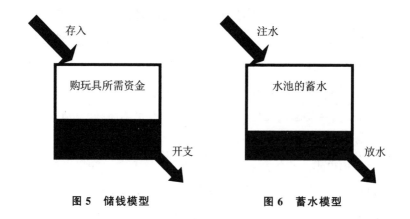

图 5　储钱模型　　　　　　　　　图 6　蓄水模型

（6）运用问题模型解决其他问题和变形问题。比如，可以从日常生活的资金储备引向更广阔的人口规划、汽车拥有量控制等问题；也可以在计划和控制动态变化现象的内容框架下，改变计划和控制的因素，比如从时间控制变形为总量控制、输入量控制、输出量控制。解决其他问题和设计变形问题，这是运用知识解决问题、化知识成智慧的过程。这样的过程，不仅建构知识的意义，也建构认识和处理未来生活的方法、图式，同时更重要的是学生对自己的认识、理解和接纳，让学生能体悟自己的成长和变化，增强学习的效能感与积极性。

基于相应的学习步骤，反思现有教学的问题：现有教学的问题是定位于获得升学、考试的知识和技能，教学方式过于单一，教师过分倚重让学生直接面对知识、使学生接受知识的方式（图7）。在这种单一的教学方式中，一些学生看不到所学知识与自己当下和未来幸福的关联，看不到对生存、生活和生命的意义，学习就会变成索然无趣的被动行为。

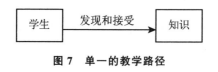

图 7　单一的教学路径

基于现实的思考，我们提出了新的教学路径（图8）。

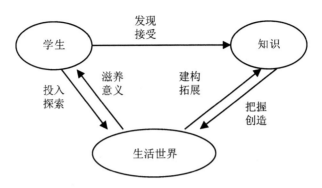

图 8　多样化教学满足学习的多样需求

在这样的教学路径中，教学不是直接让学生面对抽象的知识，而是引导学生投身蕴含问题的生活情境，对生活中的问题进行探索，在问题解决中建构新的知识，以扩充和丰富原有的知识，这是获得知识的另外一种重要途径。 同时，获得知识本身不是教学的最终目的，运用知识把握和创造生活世界，使生活世界能更好地满足人的需要，实现人的幸福生活，体现人的价值和意义，这才是学习的最终目的。 教学需要引导学生运用知识把握和创造世界，并培养这样的态度和习惯，使他们能自觉地在自身力量的展现和实现中体味生活的意义，学生更加热爱生活，更加热爱学习，致力于创造更美好的生活。 通过这样的教学，让学生体会知识的来源"有根"，所学的知识"有用"，学习和运用知识"有法"。

以有效的活动促进学生学习

1976 年，联合国教科文组织在《国际教育标准分类》中，这样定义教育："教育是有组织、有目的地传授知识的工作。"1997 年，该文件修订，教育的定义变成了"教育是能够导致学习的交流活动"。 可以说，没有活动就没有教育，教育不能没有学习的活动。 但活动又不全然等于教育，能导致学习、引起改变的交流活动才算教育。

那什么样的交流活动能够导致学习？ 怎样组织和调控交流活动能更好地导致学习呢?

以下是笔者观察过的一个教学片段。

在一堂小学数学课堂上，老师在黑板上写出了四个计算题，然后在四个大组中各抽一名同学在黑板上演算。这几个题目有一定难度，需要一定时间。台上同学开始演算，台下的同学大多在认真观察；时间一长，下面同学等得不耐烦了，有的说话、有的做小动作。老师看课堂纪律不好，于是向同学们提出这样的问题："孩子们，现在你们组的同学在上面比赛，你们该怎么办？"

老师本意是要让同学们认真观察的，但在说出"比赛"两个字后，就有同学说："给他们加油。"

老师没有认真考虑："对，可以为本组的同学加油。"

同学们一下来了劲："某某某，加油！""某某某，加油！"

……

在紧张的加油声中，有三位同学做错了题。执教老师又叫四位同学检查，两位同学没有发现错误所在。

"刚才为什么不认真看，这么明显的错误都没有发现呢？"老师生气了。

这两位同学挨了批评，低下了头。

课后笔者与授课教师交流，问让学生喊"加油"的原因。这位老师说："我觉得课堂上太冷清，下面的学生没有什么事做。不是说没有学习活动就不会有学习的效果吗？《义务教育数学课程标准》也说要在活动中进行数学教学。我觉得喊'加油'可以让学生动起来，而且可以活跃课堂气氛。"

这样的活动能促进学生有质量的学习吗？从学生学习的效果看是适得其反。可以说，喊"加油"只是一种体力的参与，是一种形式主义的活动，它对促进交流、促进学习的效果十分有限。就大多数学科而言，教学需要围绕教学内容进行适度紧张的智力活动和情意活动，是促进智力活动和实现智力发展，是让情意受到熏陶和感染。基于这样的理解，笔者建构了这样的教学效率公式：教学效率＝（同学们围绕合理教学内容的适度紧张的智力活动时间＋有价值的情意活动时间）/教学投入时间。

如果我们同意课堂上能够促进学习的活动是"同学们围绕合理教学内容的

适度紧张的智力活动时间和有价值的情意活动"，那么我们就应该淡化课堂上的某些形式追求，不要追求表面的活跃。 如果一个老师在讲解的过程中使绝大多数学生思考，这样的思考就是有价值的，是促进交流的学习活动；书声琅琅是活动，沉思默想也是活动，有声为读，无声为阅，都在与文本对话和交流，都是有价值的学习方式。 如果没有心智和情意的参与，就算不得促进学习的交流活动，算不得真正的活跃。

说到这里，需要多说一句，我们要追求有效教学，但又不能盲目追求高效教学。 一方面，高效教学可能导致学生在课堂上的高度紧张，不利于学生身心健康，所谓文武之道，要一张一弛；另一方面，过分紧张和高强度的智力活动可能使下一课教学受到影响。

如何组织有效的学习活动

自主学习、合作学习、探究学习是 2001 年新课程改革以来大力倡导的学习方式。 几种方式的共同特征在于重视学生的参与，在于强调要通过学生的学来实现学生的发展。 我们可以在课堂教学中积极采用这几种学习方式。 但在具体的实践中，对于这几种学习方式，应该是有用与不用、先用与后用、多用和少用的选择。

就笔者的观察和经验，有效的活动是要先安排自学的，自学的意义一是可以培养学生的责任意识，使学生知道对于学习的任务，先要自己动脑子，不能等待和依靠他人；二是可以使未来的合作学习、探究学习有基础，经过自学，有了自己的意见和想法，在参与合作和探究时有话可说，有观点可以表达，不做纯粹的"听众"；三是可以在合作和探究的时候更专注，自己不知道的（或是别人比自己懂得更多、更深刻），就要更专心地听，更专注向他人学习。

自学以后，有的问题自己解决不了，需要他人帮忙，这时需要合作学习；或者自己和他人想法不一样，可以分享和交流，这时也需要合作。 合作的方式可以四人一组，可以多人一组。 但在教室里座位没有太大变化的情况下，同桌合作是一种相对有效的方式，同桌合作不仅可以节约组成合作小组所花费的时间，更重要的是，同桌合作是一种面对面的合作，说的对象、听的对象都是具体明确的。 经验告诉我们，指向明确的说和听效果会更好。

合作学习以后，通常会有全班的交流分享。 交流分享中，可能出现歧见和新的问题，对于歧见和新的问题，如果重要而有价值，值得花时间探究，而且又适合采用探究的方法，这时就可以安排探究的活动了，对于这样的问题，多花一点时间也值得。

学生的学习主要是自主还是他主？ 笔者以为，学生在教室里的学习是很难真正自主的，所谓自主学习不过是在老师指导下的自学。 首先学习内容和目标学生很难自己做主，其次在于不同年段的学生自主能力有差异，刚进入学校的学生根本无法自主。 这就意味着，对于学生的学习活动，教师必须负起责任来，做或深或浅、或周密或大略的指导。 比如，"请同学们读课文第 5 到第 11 自然段"，这是明确学习对象；"请大家默读"，这是学习方法的要求；"边读边思考这样两个问题"，这是明确的学习任务；"你可以把你的想法批注在书的空白处"，这是培养良好学习习惯；"等一会把你的想法在全班说一说"，这是告诉学生学习活动的检查方式；"时间 5 分钟"，这是让学生知道时间要求。 这些指导可以让学生知道如何进行学习。 对于这种学习指导，笔者的意见是，不要只在嘴上说，而是把它准备在课件中，或是使用预先准备的小黑板，学生可以边阅读边看学习要求和建议，这可以提高学习活动的质量和效益。

学生的学习方法、学生的活动方式是需要指导的。 很多老师认同，但在课堂上却忘记了这一点，他们渴望遇到会学习、会参与学习活动的学生，对于班上的学生在自己课堂上不会学习、不能有效参与活动常常表现出急躁的情绪。 这样的情绪无助于学生的发展，也无助于有效教学的实施。 面对学生，更积极的选择是接纳学生不会学习的现状，同时把指导学生学习方法作为重要的目标和任务，一点一点做起。 对于学生的改变不能太着急，教育意味着促进生长，生长本就是慢的艺术。 退一万步，就是我们自己，作为成年人，我们也不能说我们的学习方式、学习活动一定成功和有效，何况是学生？ 这样想一想，你就可能多一些耐心。

除了关注活动样式的选择、活动方式的指引、活动能力的培养这些问题，教师还要注意活动方式的多样化、活动节奏的变换和活动过程的调控。

没有任何一种学习方式、学习活动能适合所有学校，也不会有一种学习方式让学生永远乐此不疲（对于一个区域、多所学校以一种模式推进教学改革的方式，我们需要谨慎和观察）。变则通，变化有利于保持活力和趣味。自主、合作、探究的方式可以变换；教师讲解、学生表达的选择可以变换；朗读、沉思默想的读和阅也可以变换；动和静可以变换，紧张的智力活动和适度的休闲放松也可以变换……变化使课堂有了轻重缓急，有了高唱和低吟，也就使课堂表现出一种节奏的美。有了"变"的意识以后，我们还要说明的是，变则通，"通"才是目的，"变"本身不是目的，我们不能为变而变，课堂上眼花缭乱、变换的样式太多、节奏过快，使节奏成了嘈杂，这就做过头了。如何变？变的度如何把握？这还要看教学材料的特征，以及课堂上实际的情形。

再说学习过程的调控。首先，还是要在教学设计时想清楚，如备课时就要考虑为活动留下多长的时间，考虑教师如何引导、控制和收回。其次，在课堂上，学生活动时教师不能站在一边消极等待，而是要积极参与和旁观，在积极参与中，要研究活动的效果和进程，思考如何因势利导、顺水推舟地引导学生达成学习的目标。从课堂观察的情况看，笔者发现，优秀教师和学生是心心相印的，他们大多能心领神会，教师的一个手势、一个眼神都可能起到指引和调控教学活动的作用，他们像磁石一样影响和推动着学生的学习活动。在一定程度上，这就是我们需要加强专业修炼的方向。

《长方形面积的计算》中的教学活动例谈

《义务教育数学课程标准（2011 年版）》强调：数学教学是数学活动的教学。这里所指的"数学活动"应该是指数学观察、实验、验证、推理和交流等实践和思维活动，而不是单纯的肢体活动。可是部分教师却把这句话片面理解成"数学教学是活动的教学"，甚至认为数学课上活动越多越好，从而把教学引入了歧途，使课堂远离了"理性思考"的轨道。如何在活动中学习数学呢，笔者曾经参与了《长方形面积的计算》的一节研讨课设计。

当时，《长方形面积的计算》是人教版九年义务教育六年制小学数学第七册的内容。本节课的内容是在学生掌握了面积概念、面积单位，已经学习了用面积单位拼出面积的方法，能用面积单位直接摆拼长方形面积的基础上进行的。

基于在数学活动中学习数学的思考，我们讨论了这样的系列学习活动。

（1）先通过计算机出示不同长和宽的（长和宽在10厘米以内）的长方形，让学生动手拼出面积（这是一次回顾、巩固性的拼。 活动目的：复习巩固旧知识，为学习新知识奠定基础，选数字面积小的长方形是因为活动的目的在于揭示一种方法意义，而不要把过多时间用在简单操作中）。

（2）计算机显示一个长满荷叶的（长和宽在20米以上）的池塘，请同学们想办法得到面积并交流（活动目的：使数学和生活紧密联系。 这是一个南方的农村学校，学生经常看到池塘，经常和池塘打交道。 用池塘面积计算的问题可以使学生意识到"数学知识产生于社会生活中的实际需要和实际问题"，数学的价值在于能解决生活中的数量和空间位置等方面的问题，从而使学生更加深刻地理解所学内容的生活意义和社会意义。 长方形面积大和长满荷叶是为了让学生感受到生活中的问题，再用"拼"的方法已经很难解决，需要探索新的办法）。 就此，有的同学提出用划着船去拼的方法，但同学们仔细一想，认为不方便；有的则建议用铁丝拉成方格，然后数方格的个数……有的老师认为，这个环节不成功，因为没有将学生的注意力很快引导到计算上来。 笔者认为，学生原有的经验，就是拼的方式，教学应该建立在学生的经验基础上，并利用好学生的现有经验。 如果没有对"拼"的麻烦的认识，就不会有对"计算"简便价值的认同，也就不会认识到数学的力量。

（3）当同学们都感到麻烦的时候，老师建议，请大家再对刚才拼的长方形面积再拼一次，看能发现什么（这是一次探究性的拼，活动目的是发现长方形面积与长方形的长和宽之间有什么关系，同时学习充分利用原有经验，改造原有经验）。

（4）在"长方形的面积等于长乘宽"这个观察结果出现以后，这时老师可以写在黑板上，但不要下结论，而是在后面打一个大大的问号（板书：长方形的面积＝长×宽？）（有的老师课后问："结论已经出来了，何必多此一举？"我认为，这时提出的面积计算方法还只是猜想，还不能成为结论，还需要学生证明。 问号的目的在于让学生意识到：对于未经证明的猜测，不能轻易相信和接受，从而培养学生实事求是的科学精神，并引出下面的证明活动）。

接着，老师可以给出这样的引导语："现在，已经有同学提出'长方形的面积等于长乘宽'的猜想，是不是这样的呢？ 我们还需要证明，我们可以再多拼几个长方形的面积，看看它们的面积是不是等于长乘宽（如果时间允许，学生的素质比较高，证明猜想的方法也可以由学生找出来）。"

让学生再次拼长方形面积并交流拼的过程和结果（这是一次验证性的拼，活动目的：用不完全归纳的方式验证自己的猜测"长方形的面积＝长×宽"，感受不完全归纳证明方法）。 在学生用自己的活动证明了"长方形的面积＝长×宽"符合实际操作结果后，老师才将原来的问号擦掉（擦掉"？"是告诉学生，刚才的猜测经过验证现在可以看成结论了，它就是长方形的面积公式。 至此，也就完成了"长方形面积公式"的数学模型建构）。

计算机再出示一些长方形，用拼和计算两种方式求面积，比赛哪一种方式更快。 然后再回到池塘的面积计算，让学生用计算的方式算出池塘面积（这是一次比较性的拼和计算，通过活动，一方面巩固"计算"和"拼"的结果完全一样这一认识，另一方面，体会计算的方法要方便、快捷得多，数学可以简约化，可以通过建立数学模型更快捷地解决问题。 这就是数学的意义和价值）。

组织学生回顾学习过程，让学生体会学习收获（这是小结性回顾，目的有两个，一个是归纳"长方形面积公式"的科学发现的过程：发现生活中的问题或困难，根据已有经验提出假设建立假设的数学公式，证明假设的公式，运用已经得到证明的结论处理生活中遇到的问题。 另外一个是强化"我们发现了长方形面积计算方法"的成功体验，让学生感受数学的价值和魅力，提高数学学习兴趣）。

这是 2001 年 3 月的一次教学设计与实践。 用在今天，在时间允许的情况下，可以加上测量和估算的数学活动，比如可以估算教室的面积，丈量教室的长与宽；还可以估算黑板的面积，丈量黑板的长与宽……

有效沟通需要知己知彼

教师是从事教育教学的专业人员。 教学活动的目的性决定了教学预设的必要性，做教学活动，教师需要精心预设，预设是对教学内容、教学方法和教学流程（步骤）的预先设想，好的预设必须建立在对学生的充分研究和理解基础上。同样，做教育活动也必须有充分的预设和精心的准备，也需要建立在对沟通情境、沟通对象的充分研究基础上，做到知己知彼。这里以印度电影《地球上的星星》美术教师尼克和伊桑同学家人沟通为例。

尼克家访的目的在于了解伊桑的父母为什么要让伊桑转学，并希望父母改变主意。

尼克先问："你们为什么要把伊桑送走呢？"

伊桑父亲说伊桑功课不好，已经留了一次级但没有好转迹象，并说自己的大儿子成绩很好。

尼克知道伊桑的状况，他建议伊桑的父母找找原因："你说的都是表现，为什么会这样呢？我想知道原因。"

父亲认为伊桑的问题是态度问题，并说出了对伊桑更多的不满意："他对待学习和所有事情的态度都不对，经常调皮捣蛋，与人相处不好，也不听话。"

尼克不愿意多听这样的抱怨，他再次建议伊桑的父母分析原因。

伊桑的父亲没有找到其他原因，只好把"皮球"踢回给尼克："那你说说看。"

老师拿出作业本，说自己对伊桑学习困难的发现和分析："他经常把'b'和'd'混淆，……我觉得是他记忆词汇上有困难，……伊桑达不到这个基本的要求。……这才是伊桑无法识字的困难之处。这个称为'阅读障碍'。"

尼克进一步对伊桑的外在行为进行分析："一个才八九岁的孩子，因为不会读写，不会做普通的事，他的自信心就可能被击垮。于是，只好以不服从来掩饰自己的无能，用不服从来与世界斗争，这是他所有行为的解释……"

有理有据的分析让伊桑的父母如梦初醒，他们为过去的粗心而后悔和伤心。

从知己知彼的角度，尼克这次家访可以提供这样一些借鉴：（1）在家访之前一定要认真研究学生。尼克的家访是建立在充分研究伊桑作业的基础上的，这样的研究不仅可以让家长看到老师的诚意和努力，从而更好地建立良好的沟通关系，而且能在后续的交流中进行有针对性的指导，提高沟通实效。这是对学生的"知"。（2）尽管尼克事先对伊桑的情况有了比较充分的了解，但还是采取了先进一步了解家长的策略。这不仅可以了解对方的行为和思维方式，理解对方的处境和需求，同时也表达和传递了对家长意见的尊重。这是对伊桑家长的"知"。（3）在彼此了解和接纳的基础上，再进行有针对性的指导和帮助。比如，让家长意识到对一个问题不能只看现象，要学会寻找背后的原因；不能武断地要求每一个人"别人能够做到的，你也应该做到"，要看到每一个孩子是不同的，他们都有自己的具体情况和特殊困难；对一个现象还不能简单归因，对伊桑的外在表现，就不能仅仅归结到态度上，要看到结果背后，除了态度，还有能力、方法等其他影响因素。

尼克的知己知彼的沟通策略具有多方面的实践意义。比如，将其运用于观课议课，笔者建议：首先，在观课时要把他人的课读懂、读明白。孔子说："视其所以，观其所由，察其所安。"也就是说在观察人和事物时，需要考察其背后的理念、价值追求、动机，这样才能全面地认识观察对象。其次，在观察授课教师的教学行为时，需要思考教学行为背后的教学理念和教育追求，对讨论的问题、交流的内容心中有数。在和其他老师议课交流时，一定要先询问，先理解，设身处地站在对方的立场将心比心地理解对方。议课的主要目的也不在于批评现象，而是在围绕课堂上的事实和现象分析原因，基于原因分析找准问题。最后是根据问题，讨论和分析应对方法，改变和发展课堂教学。

因人而异，重在择宜

《论语》中孔子说："侍于君子有三愆：言未及之而言谓之躁，言及之而不言谓之隐，未见颜色而言谓之瞽。"他提醒我们，沟通一定要根据实际情况，不该你说时先不要说，该你说时就要大胆勇敢地说，在和别人沟通时要关注别人听取和接受的状态。这样，在沟通时不仅要选择沟通的内容，而且要选择合适的方法。

人生的一种重要活动是沟通交流，历史上留存了许多人际沟通的故事，这些故事有成功的经验，也有失败的教训。同样是成功的沟通和交流，与《螳螂捕蝉》比较，《隆中对》里的诸葛亮和《触龙说赵太后》里的触龙选择了不同的沟通策略和方法。

先来看看诸葛亮的直截了当。《三国演义》里，诸葛亮与刘备首次见面，诸葛亮说天下三分的见解、给刘备出主意时不绕弯子，是直接、干脆而简洁的。诸葛亮之所以采用这种直截了当的方式，出于两个前提条件：一是沟通对象刘备自己有改变现状的强烈渴望；二是刘备在前两顾茅庐中，对诸葛亮的本领和能力有了近乎迷信的判断。这时的沟通，诸葛亮如果还绕来绕去，就是"谓之隐"了。借鉴之，教师与家长沟通，如果家长本身对自己教育孩子的方式不满意，渴望得到老师的指导，而且家长信任教师，这时就可以借鉴诸葛亮的方式，不必绕弯子，直接提自己的建议，表达自己的要求。

再来看看触龙的迂回穿插。在《触龙说赵太后》中，赵太后是不愿意让自己的儿子到齐国做人质的，而且赵太后已经放出话来："有复言令长安君为质者，老妇必唾其面。"情况不同了，触龙如何沟通呢？一是问太后的饮食起居表示关心，求得对方的心理接纳，以建立和谐的对话关系；二是为自己的儿子求前程，所传递的信息是"我和你一样爱儿子，我理解和接纳你的处境"，求得对彼此处境的认同和理解；三是在合适的时机，再说出"父母爱子为之计长"的道理，分析相关行为的利弊得失。这样铺垫，一步一步来，最终实现了沟通的目的。这样的策略可用之处甚多，比如，年轻班主任在与孩子的祖父母一辈沟通时，就可能遇到"我吃过的盐比你吃过的饭还多，我走过的桥比你走过的路还多"的情况。借鉴触龙的方式，我们在沟通时不要一开始就说孩子的问题，说家庭教育的问题，可以先绕一绕，要从建立关系赢得信任入手；然后适当表明彼此促进孩子成长的共同意愿——为了孩子，我们有相同的目的和动机；建立了这样的沟通基础，最后才慢慢引导到对具体事情的讨论上。在触龙身上，我们看到了基于阻碍的迂回穿插。

最后再说说吴国年轻侍卫的譬喻和为而不争。在故事中，年轻侍卫和吴王地位并不对等，而且吴王已经有了"有谁胆敢阻止我出兵，将他处死"的警告，年轻侍卫自始至终不谈两国战争，只用眼前的关系比喻，并且点到为止，见好就收。这里有"上善若水""为而不争"的智慧。这里的"不争"有把发现和表达的机会留给对方，不伤对方自尊、成就对方自我选择的修为。

《螳螂捕蝉》《隆中对》《触龙说赵太后》的案例表明，良好的沟通具有因人因势而不同的"择宜"特点，择宜素养是教师的关键素养。 择宜首先是要有择宜意识，要因人制宜、因材施教，在众多可选方案中择宜，实施更适宜的教育；其次是要多会几招、多掌握几招，既会诸葛亮的干脆直接，也会触龙的建立关系，还要会年轻侍卫的设局和举例说明，手里有了招，才能见招拆招；最后是要有择宜能力，择宜能力的核心是对沟通对象和情势的研究，把握全局，适当地进行取舍，犹如年轻侍卫对吴王的研究和了解，有侧重地取舍沟通策略。

教育的择宜能力是识人能力。 与人打交道，与人沟通，最重要的能力是读懂别人的能力，加拿大女作家爱丽丝·门罗在《逃离》中这样写："瞪大你的眼睛，要从你遇到的每一个人的身上看到各种可能性——看到他的人性。"看清他的人性后，你才可能找到打开别人心扉的钥匙，才可能施加别人更愿意接受的影响，也才有真正的因材施教。

人际沟通中的"弱者，道之用"

大抵而言，人大多有表现自己，显示自我存在价值的趋向，教师的角色意识和责任担当容易表现为好为人师。 借鉴年轻侍卫沟通时的适可而止、见好就收，教师的教学与沟通可以考虑运用"弱者，道之用"（《道德经》）的策略。

"弱者，道之用"可理解为以不张扬的方式发挥作用，也可以领悟为要更好地影响和改变别人，更有效的方式是"用弱"和"示无"，从"无"中生出"有"来。"示弱"和"用弱"的教学意义有：（1）促使学生主动发现真理。 当老师迫不及待地向学生呈现某一知识点的时候，学生有可能放弃发现它的机会，由此失去探索真理、实现更大发展的机会。 （2）使学生学会承担学习责任。 教师需要让学生明白"你不要靠我，我是靠不住的"，在教师的"示弱""用弱"的"此消彼长"中，让学生对自己负责，使他们自觉担当学习、思考的责任。 （3）让学生体会作为"发现者、研究者、探索者"的快乐。 这种快乐不仅源于探究自由、受鼓励的学习生活，而且源于"发现真理"的心灵触动，源于对自我发现能力的欣赏和赞美。

运用"弱者，道之用"的策略我们要注意一下几个方面。

首先，我们要相信学生。相信他们愿意努力改变自己，正如苏霍姆林斯基所说："每个人都有一颗成为好人的心。"笔者曾先后在城市中学和农村中学观察两位教师执教"梯形辅助线的添加方法"，就教学基本素养如教材理解、教学表达、课件制作等，城市教师的水平确实高于农村教师。但农村授课教师把课堂还给学生，自己退居幕后，充当辅助角色。笔者在农村学校课堂上感受到的学生的热情、兴奋以及彼此争论，是城市学校无法与之相比的。大量的实践案例说明：只要有机会和条件，人总是愿意改变自己，在参与中，他们也能发展和改变自己，教育应给他们一片空间。

其次，我们要给予学生充足的耐心。人的发展不能一蹴而就，它是一个循序渐进的过程，我们需要在这个过程中等待学生的自我唤醒、生长、成熟。教育不能揠苗助长，教育需要等待和守望，在等待和守望的过程中，当学生的自觉性和责任感被唤醒时，我们可能会收获更多的惊喜。

最后，不要逼迫学生接受"标准"答案，如果将教师的答案强行塞给学生，就会使学生的自我表达失去存在的意义和价值。笔者曾经观察过一堂初中语文课，课堂上老师组织学生分组讨论，同学们很认真地进行讨论、交流。讨论结束后，老师在幻灯片上呈现出准备好的答案。大多数同学拿出笔记本抄结论，一位同学突然说："早就有答案了，还要我们讨论干吗？"试想下一次课这位同学还会参与活动、认真讨论吗？很大概率不会，他会一直等待，等待老师的答案。从成就学生的角度而言，最好的方法不是"你们说的都不算，我的才是好的""你们必须听我的"，而是敏锐捕捉学生的意见，用好课堂的生成资源，因势利导，顺水推舟，促进学生成长进步。

例谈与偏袒孩子的家长沟通

家长袒护自己的孩子，可能有各种情况：一种是教师教育学生时认为家长袒护了自己的孩子；另一种是学生和学生发生了冲突，一方或两方家长袒护各自的孩子。就与偏袒孩子的家长沟通，需要注意一下几个方面。

一是不要轻易说别人在偏袒。2000 年，笔者在北京参加中小学教师师德教育骨干教师培训班，主讲老师是当时的中央教科所和北师大等研究机构的高等院校的专家。 在说明中小学教师人际交往存在问题的举例中，有的专家说起被孩子的班主任叫到办公室教训，他们也认同和接受一些批评，但同时又认为很多批评毫无道理。 听他们这样说，笔者在心里忍不住想象这样的关系：这些专家是博士生导师、教授，他的学生可能是一般高校的老师，而一般高校的老师可能又是这些班主任曾经的老师，这就出现了徒孙辈的班主任在趾高气扬地给师爷上课的一幕。 我在想，这时如果家长据理力争，当事的班主任会不会抱怨孩子的家长在袒护孩子？ 如果是第一种情形，作为教师，首先还是要想一想是不是自己的判断出了问题，所谓"关己则乱""当局者迷"，不要明明是自己没有道理，却去责怪家长袒护孩子。 比如，有的家长认为学习应该快乐，老师觉得不刻苦就没有好成绩；家长认为作业不必太多，老师却对没有做完作业的学生进行处罚……对这些问题很难有一个绝对的标准，也很难说就一定是老师有理，家长就无理。 所以不要轻易说别人无理，真理并不一定在我们这一边，教师也不一定掌握着教育的真理。

二是可以尝试运用价值澄清的方法。前几年，一位小学校长说他们学校一位小朋友捡到 600 元钱，多方寻找失主没有找到，然后就把钱交到了学校。学校在升旗仪式上对这位同学大张旗鼓地进行了表扬，并把钱捐赠给了最近家庭遭遇变故的一个学生。 没想到第二天捡钱同学的妈妈到学校，质问学校："未成年人的行为和财产谁有处置权？"答案应该是监护人。"我孩子的监护人是谁？"很显然是孩子的父母。"那你们说，孩子捡到的钱该你们处理还是该我处理？"因为家长的说法从法律关系出发，在某些方面有道理，校长感受到了和家长讲道理的压力与困难。

怎么办呢？ 这里可以尝试价值澄清的方法。

20 世纪 60 年代，纽约大学教育学院教授路易斯·拉斯等创建了"价值澄清"的德育学派。 他们认为，把那些预定的东西兜售、强加于别人，不仅不能产生思想，而且会扼杀德性的发展，因为他们缺乏人性所需要的自由探究、审慎思考和理性的观念；价值澄清法的主要任务不是传授和认同"正确的"价值观，而在于帮助他们澄清其自身的价值观。 我以为，价值澄清的核心和关键就是不站在教育者的立场，而是站在当事者的立场，促进他审视自己的价值选择，发现行为的可能后果，找寻更有意义、更有价值、更值得选择的行为，通过促进思考而不是提供答案使他成为一个自我教育、能自我做出合理选择的人，以此实现人的发展与改善。

　　用价值澄清的方法，在认真听完家长的意见，表达对家长的尊重后，可以采取以下提问帮助她价值澄清："某某家长，今天您怒气冲冲地到学校，是不是就是为了那 600 元钱？"说不定家长就不再无理取闹。 如果家长还是坚持，我们可以进一步价值澄清："您想一想，目前已经这样处理了，现在如果我们按照您的要求，从那位同学家里要回 600 元钱给您，请问您准备怎么处理？ 很显然，这样的过程，您的孩子会知道，他的同学也会讨论。 这可能对孩子造成什么样的影响？ 您为培养自己的孩子花费了多少钱？ 现在为这 600 元让前边的付出白费，您觉得好不好？ 值不值？""好不好？""值不值？"这样的提问就是帮助家长价值澄清。

　　价值澄清具有"非指导性"特点，在《可见的学习》中，澳大利亚墨尔本大学的哈蒂教授用 15 年的时间进行规模巨大的项目和数据分析，提取出 138 个影响学业成就的因素并进行排序。 研究发现，在 138 项因素中，以人为本的师生关系对学生学习成果影响排名第 11，以人为本的师生关系的内容由高到低的排序为非指导性、温情、移情、鼓励高阶思维、鼓励学习、适应差异、真诚、以学习者为中心的教学信念。 在这里，"非指导性"是影响学业成就的第一因素。

　　把价值澄清方法用在与袒护孩子的家长沟通时，老师不能先以教育者、指导者自居，而是尊重家长的意见，然后在此基础上促进家长思考这样一些问题："你期望孩子成为怎样的人？""这样做是不是真正对孩子有帮助？""这样做，你孩子会形成什么样的看法？""你这样处理，可能导致孩子的哪些行为？"这样的提问本身就是帮助家长认识自己、理解教育、调整自己行为的过程。

　　需要补充的是，价值澄清不仅仅用于家长，也用于自我、用于学生。 从用于自我的角度，柏拉图说：我们一直寻找的，却是自己原本早已拥有的；我们总是东张西望，唯独漏了自己想要的，这就是我们至今难以如愿以偿的原因。价值澄清可以帮助我们认识自我，找到自己最想要的、最值得珍视的东西，去发现和追寻自己恰到好处的状态。 从用于学生的角度，价值澄清可以引导学生自我发现、学会思考、学会选择、学会承担责任，成为自我教育的人。教育的目的在于促进和实现学生的自我教育。卢梭在《忏悔录》中说："我既不能平心静气，又无耐心，结果不但没有做出一点成绩，我的学生反而变得越来越坏了。我并不是不勤快，但我缺乏冷静的态度，特别是不够理智。我对他们只知道用三种对孩子不但无益往往有害的方法，那就是：感动、讲理和发脾气。"讲道理不能说没有作用，但只讲道理的教育效果一定不会理想，价值澄清是一种值得尝试的选择。

价值澄清有可能使部分袒护孩子的家长走向理性，帮助他们在对待孩子的问题上改弦更张。但也会有相当多的家长不会想那么多，也不愿意想那么多，他们可能固执己见。这时就需要我们采取合理的方式对这些家长进行认知与行为引导。

四是基于效果进行引导。家长袒护孩子的原因各不相同，袒护的方式和情形也千差万别，对袒护孩子的家长的引导内容和方式也应该因人因事而异，我们不能期望有适合所有人的非常具体的有效的引导内容与引导方法。就引导的内容看，可以考虑从以下几个方面入手：（1）后果认识引导，引导家长认识袒护孩子可能带来的以下后果：一是使孩子形成错误的认知，导致孩子更加离谱的行为。二是其他同学可能对自己的孩子敬而远之，被同学们孤立，这不利于孩子今后的健康成长。三是恶化家长与家长之间、家长和教师之间的关系，教师今后不愿意也不敢管这样的孩子，使孩子缺乏良好的外部教育环境。（2）同情心引导，这是引导孩子、家长站在对方的角度，体验对方的感受，理解对方的要求，反思自己的认知和行为。（3）公正引导，公正是社会运行的最重要原则，要引导家长基于公正的原则认识与处理孩子之间、师生之间的矛盾，并在孩子心中确立公正的信念和行为选择。

五是在必要时可以借助外力。对于家长袒护孩子的事件和现象，教师需要尽力而为地加以引导和处理。教师要相信绝大多数家长懂道理、讲道理，相信我们的努力会有改变、会有效果。但事情总会有例外，有一些不那么讲理、不那么懂理的家长，他们可能固执己见。遇到这样的家长，我们只能尽心而为，尽力而为。

采取了以上建立接纳关系、促进价值澄清、引导认知和行为的措施，为此做出了努力，效果还是不理想，老师可以判断选择：如果事情不大、对公正原则的损害不大，我们可以适当妥协，适当退让，把裁决交付时间；如果事情性质恶劣，明显损害公正原则，影响以后的教育和管理，我们就应该借助另外的力量，形成正确的舆论和价值导向，营造良好的教育风气和环境。

（陈大伟，何莎）

从《守株待兔》
看教师的经验
获得与发展

经历的情境、经历的过程是带不走的，过去以后难以重现；而经验是你能带走、可能伴随一辈子的东西。

过去的日子在一些人的生活中只是沙漏里流逝的"沙子"，而另一些人却能从中淘洗出经验的"黄金"。其差别也就在于是否有把经历转化为经验的主动，是否养成了"回头看"、进行思考的习惯。

人们常说"失败乃成功之母"，失败本身不会带来成功，对失败教训的总结和反思，才可能带来成功。

婴儿时期父母的主要任务是"抚育"；幼儿园时，照顾身体成长、引导玩耍和游戏优先于教育，教师需要"养育"；小学需要"教育"；中学的学生自主性强了，自我教育的水平提高了，教师的责任主要在"教导"；进入高等教育阶段，教师的作用可能更多就是"指导"了。

教学改革的方向和趋势是：教师角色要由思想的提供者转变为思想（思考）的促进者，教学的过程要从提供思想走向促进思想（思考）。

《守株待兔》出自《韩非子·五蠹》："宋人有耕田者，田中有株，兔走触株，折颈而死，因释其耒而守株，冀复得兔，兔不可复得，而身为宋国笑。"作者紧接着就说出了写这个寓言的用意："今欲以先王之政，治当世之民，皆守株之类也。"《守株待兔》告诫我们不能死守狭隘经验，不知变通；也讽刺那些抱着侥幸心理，妄想不劳而获的人。借助《守株待兔》，我们在这里讨论经验的获得和对经验的认识。

把经历转化为经验

"守株待兔"是耕田者在捡到撞死的兔子后获得的经验，这种经验是在亲身参与中获得的，是直接经验，而别人从这个寓言故事获得的启示是间接经验。因为受时间空间、社会条件、生产技术水平等条件限制，人不可能事事亲身去经历、验证，所以人们所获得的经验大多数是间接经验。但是于自己为间接经验的东西，于他人、前人则可能为直接经验。美国教育家杜威认为，教育是促使儿童主动去经验一切事物，从而获得直接经验的过程，教育的结果即不断改造和重新组织经验。如何获得经验？经验的价值是什么？从杜威的《民主主义与教育》中，我们可以有如下发现。

经验来源于经历，但经历不等于经验。杜威说：“一个孩子仅仅把手指伸进火焰，这还不是经验；当这个行动和他遭受的疼痛联系起来的时候，这才是经验。从此以后，他知道手指伸进火焰意味着烫伤。”在这里，“手伸进火里”是小孩的行动，“手被火烫伤”是行动的结果。行动和行动结果是经历，但有这样的经历不一定形成经验。只有在此基础上建立了行动和行动结果的联系，认识到“手伸进火里会被烫伤”，并以此指导未来的行动——以后不再把手伸进火里，才算获得了经验。也可以说，经历的情境、经历的过程是带不走的，过去了也就难以再现；而经验是你能带走、可能伴随一辈子的东西。你经历了，如果由此形成了一些伴随你生活的东西，那你就获得了经验。

获得经验需要“千金难买回头看”。对于经验的性质，杜威认为：“经验本来就是一种主动而又被动的事情。”杜威强调获得经验的实验性、实践性，认为人的行动具有主动性——“为了知道手伸进火焰会发生什么，主动实验把手伸进火里”，而承受后果具有被动性——“伸进火里，你会承受由此带来的结果，手被火烫伤”。人作为有意识的生物，能主动地认识世界和改造世界，人的行为活动往往具有目的性和主动性。但生活又总有意外，比如学习骑自行车、游泳，我们没有想过要从自行车上摔下来，也没有想过主动去呛水，但有可能摔过、呛过，这样摔和呛的经历是被动的。在这些被动的遭遇中，人能不能获得经验呢？可以的！人们常说：“吃一堑，长一智。”吃“堑”不是主动的，但我们可以从中获得一些经验。犹如骑自行车摔跤，摔跤不是我们希望的，但我们可以从中获得一些避免摔跤的经验。从这种意义上，我们不怕犯错误，重要的是要能从错误和失败中获得经验，不犯同样的错误。

经历可能是主动的实践活动，也可能是被动的遭遇。而经验的获得则需要主动，因为经历并不会直接提供答案，你要对行动和行动效果之间的关系有所思考才能获得经验。过去的日子在一些人的生活中只是沙漏里流逝的“沙子”，而另一些人却能从经历的沙漏中披沙拣金。其差别就在于是否主动把经历转化为经验，是否养成了“回头看”、进行思考的习惯。人们常说“失败乃成功之母”，失败本身不会带来成功，对失败教训的总结和反思，才可能带来成功。爱尔兰作家詹姆斯·乔伊斯有这样的意见：“每一严重的损失，均可成为不朽的收获。 时间的废墟，将建成永恒的大厦。"

要用经验来规划和指导未来的行动。杜威说："从经验中学习，就是在我们对事物有所作为和我们所享受的快乐或所受的痛苦这一结果之间，建立前前后后的连接。"这里的前前后后，我们把它理解为经验联结着过去、现在和未来。以获得课堂教学经验为例："过去"意味着教学行为过去了，教学效果出现了；"现在"意味着要认识已经过去的行为和已经产生的效果，建立联系，从经历中总结出经验；"未来"意味着要用现在所获得的经验指导未来的行动。 经验的根本目的在于规划和指导未来，经验的过程就是策划和设计未来的过程。

回到这则寓言。 现在假定这位宋国农夫遇到的"兔走触株，折颈而死"这件事情为真。 这是他的一次真实经历，由此经历获得野兔会撞死在树桩上的经验，并以此规划未来的行动——守在这里，准备再捡到撞死的兔子。 这就是一次经验获得和运用的过程。 对这样的过程，就我们看来十分正常。 对生活中一个偶然现象的关注，有可能带来生活的改变和改善。 比如，一位渔人沿河而行，发现河中某处鱼群密集，从此以后，他经常在这里捕捞，收获颇丰，这是完全可能的。 我们还可能夸赞他是有心人，善于发现，能够抓住生活中的机遇。 再如，一个苹果掉在牛顿身边，这也是一次偶然的经历，牛顿没有放过这一现象，由此展开研究，发现万有引力定律，我们也赞扬牛顿的敏锐和用心。成为生活中的有心人，利用生活经历来改善生活，这是值得提倡的。

要教学生"千金难买回头看"

说到底，每一次学习活动都是学生的一次学习经历，经历是重要的，但更重要的是获得和改造经验。 杜威认为：教育就是经验的改造或改组。 将学习经历改造提升为学习经验，需要教师引导学生"回头看"。

用好学习活动的小结。曾经观察小学六年级教师执教"求一个数的百分之几是多少"。 笔者发现，每完成一个学习活动后，执教老师要对同学们说"我们来归纳一下""我们来小结一下"。 笔者以为，这样的归纳、小结具有促进学生获得的意义：一是，归纳、小结本身意味着转化，是把学习的活动、学习的内容梳理、转化为自己的所得，有促进素养形成的作用。 二是，"归纳一下""小结一下"具有把学习经历转化为学习经验的价值。 三是，这样的归纳和小结体现了面向全体学生，让学生获得具有"保底"的核心素养、基础素养的功能。学生总会存在差异，领悟能力弱的同学在学习活动后对自己的收获缺乏梳理能力与习惯，对自己学到了什么、收获了什么缺乏自觉，这样的小结可以让他们发现自己的收获，体会自己的成长，形成小结习惯，增强学习效能感。 在这里，小结的内容可以包含数学的简化、转化、模型思想与方法以及数学模型的运用方法等。

引导学生关注收获和进步。 笔者在小学上课，常常采用这样的方式小结："同学们，你们会唱'小嘛小二郎'吗？ 唱唱看。"一些同学能唱。"这首歌唱的什么意思呢？ 它告诉我们，作为学生，我们克服很多困难，来到学校坐进教室就是要学一些知识。 一节课如果什么都没有学到，我们应该感到惭愧，感到不好意思。 现在请同学们抓紧时间看看，这一节课学到了什么？ 收获了什么？ 改变了什么？"然后组织、引导同学们"回头看"，寻找学习的进步和收获，并进行交流分享。 在大家都能说出一些收获以后，我会对同学们说："大家在这一节课，都有了收获，有了进步。 今天回家，就不是'无颜见爹娘'，而是可以高高兴兴回家见爹娘了。"这样的小结，可以让学生发现变化，感受成长，从而对即将到来的新的学习怀有期望。

要对经验保持持续的审视

这位宋国农夫日日守株，而兔"不可复得"，问题出在哪里呢？ 出在缺乏对经验的审视，没有意识到"兔走触株，折颈而死"只是偶然的事件，本身不可靠，不能成为生活的依据。 经验的局限和不可用，大体有以下情形。

有的经验本身不可靠。 因为个人认知能力的局限，有的经验本身就可能是错误的，比如，华南师大郭思乐教授曾经举了这样的例子："青蛙博士研究跳蚤。 他喊一、二、三，发现跳蚤在跳，接着他把跳蚤的腿折断，再喊一、二、三，跳蚤不跳了，再喊，还是不跳。 于是，青蛙博士书写研究报告：当把跳蚤的腿折断以后，跳蚤就成为聋子了。"在这里，"当把跳蚤的腿折断以后，跳蚤就成为聋子了"是青蛙博士的经验。 但这个经验经不起推敲和验证，它是一个错误的经验。

有的经验可能只在个别情形下有效。在《守株待兔》的故事中,"兔走触株,折颈而死"就是一个十分偶然的现象,发生的概率极低,极不可靠。因此,对于现象背后的原因、可能性,需要认真研究。苹果落在牛顿身边,这也是一个偶然的现象。牛顿是怎么对待的呢?小学课文《苹果落地》这样介绍:

> 他(牛顿)觉得很奇怪,心想:"苹果为什么会掉下来呢?"
>
> "一定是因为它熟透了,"他自言自语,"可是,为什么苹果只向地面落,而不向天上飞去,也不向左、向右抛开呢?"
>
> 为了弄明白这个问题,他又反复地观察,专心地研究,终于发现了苹果落地的秘密。原来,这是因为地球有吸引力。

针对现象提出问题,围绕问题提出一种假设,推理(或者实验)否定这种假设,再提出新的假设,推理(或者实验)证实或者否定这种假设……如此反复,最后才得出结论,这样的结论不是停留在现象层面,而是经过了理性的推演和反复的实验验证,是可以推广和实践的知识。

时代变了,过去的经验不起作用了。韩非子对这个寓言有这样的说明:"今欲以先王之政,治当世之民,皆守株之类也。"就是说时代不一样,不能一味延续过去的经验。就教育而言,学生具有主观能动性,处于发展变化中,这是教育最大的变,也是教育最根本的变,是教师必须研究和适应的变。除此之外,教育教学观念、教育技术和知识获取途径等方面都发生了很多变化。教学观由"以教育者为中心"转变为"以学习者为中心",从注重知识的传授转向教会学生学习和注重学生的全面发展,从"重结果轻过程"转向"重结果的同时更重过程";从简单的粉笔、黑板,到将多媒体引入课堂,实现文本和音频视频辅助教学是教育技术的一大突破,如今大数据分析、人工智能、虚拟现实技术也逐渐走进课堂;曾经,学生的信息来源依靠书本和教师,今天的学生是伴随着互联网长大的"网络原住民",有了更多更丰富的信息来源,教师作为知识权威的经验正在改变……可以说,变是唯一的不变,过去的经验在变化的时代、变化的学生面前,必须有变。

过去的经验在不同的对象和情境面前也可能不起作用。 加拿大教育学者马克斯·范梅南记述了一位学生这样的学习经历：

"杰弗，这是一个需要真正开动脑筋的问题。你看你是否能够解决？"

我走到黑板跟前，很快就列出了方程。我是刚来到这所学校的，而且这里的课程对我来说都非常容易。

老师看了看我的答案，说"非常简便"。然后，她开始解说解题的步骤，并开玩笑地说："我们真幸运，班里有这样一位天才！"

我会心地笑了笑。但是当我回到后面的座位时，我清楚地听到了有人在骂我，而且还有人发出不屑的声音。有些同学朝我冷笑或向我翻白眼，有些人则充满敌意地看着我。我这才意识到，这所学校的情况很不一样，同学们并不认为学习好就"酷"。

我感到有些奇怪，在我的这所新学校里，如果你显得学习好，多数同学反而会疏远你。

渐渐地，我学会了如何装聋作哑。

对上台解题的同学给予鼓励和肯定，这是一条有价值并且经常运用的经验。但在"你显得学习好，多数同学反而会疏远你"的学校里，表扬反倒使这位同学"学会了装聋作哑"，这就使得经验在特殊的场景里变得不可靠、不可用。

教师要警惕曾经的经验可能成为教学的"陷阱"。 就教师的工作经验而言，哈佛大学发表的一篇学术论文《挑一个好老师比培训一个更容易》用数据挑战了"老师经验越丰富教学越成功"这一普遍被接受的观点。研究结果显示，以佛罗里达统测成绩为衡量标准，数学教师的效能在教学时长达到 12 年左右达到峰值，然后开始缓慢降低，而从 20 年左右开始急剧降低，而到 33～34 年降低到基准值以下。论文作者得出了以下结论："有中等经验以上的教师并没有比中等经验以下的老师教得好……实际上，从阅读来看，有中等经验以上的教师甚至要比中等经验以下的教师更差——差别偏离基准值 0.0018，从数据上来看是很大的差异。"

杜威在《教育与经验》中列举了一些可能产生消极作用的经验："有一种经验可以使人感觉淡漠，使人缺乏感受性和反应性""一种特定的经验虽然可能在一个特殊领域内增加一个人的机械的技能，然而，又会使他陷入陈规旧套""一种经验可能使人感到欢快，然而它却促使人们养成马马虎虎和不细心的态度""一些经验可能彼此互不联结，虽然每个经验本身是令人愉快的或者是令人兴奋的，可是它们彼此之间不能够持续地连贯起来……它们的不连贯性可能使人们形成不自然的、分散的、割裂的和离心的习惯，形成这种习惯所带来的后果是使人们没有能力去控制未来的经验"。从这种意义上，教师需要对自己的经验保持警惕，需要对自身的经验进行反思。

我们需要对经验坚持反思

因为某些经验可能错误，某些经验也可能对实践不起作用，因此可以说，经验是重要的，但仅有经验的过程不够，仅仅停留在经验的层次是不可取的，经验需要反思。美国教育学者波斯纳说："没有反思的经验是狭隘的经验，至多只能形成肤浅的知识，如果教师仅仅满足于获得经验而不对经验进行深入的思考，那么他的发展将大受限制。"

还是以"手伸进火里，手被烫伤"的案例为例。为什么被"烫伤"？我们可能观察到火是"明亮"的，由此可能得出"明亮的东西会使我们烫伤"的经验，但这个经验就是错误的，经不起推敲，也不能实践运用，犹如意识到等待"兔走触株，折颈而死"不可靠。要让经验变得可靠，我们需要对经验进行反思。

反思是对经验的过程、方法、依据和结果进行主动的、持久的、周密的思考，目的在于获得更加正确、对工作和生活更有价值的指导意见。比如，对火烫伤手的经历进行反思，我们可能发现，演唱会上的歌迷挥舞荧光棒没有被烫伤；用手接触不明亮的开水却被烫伤了。反思比较的结果，使我们知道是高温物（而不是明亮）烫伤了手。由此，我们不仅不把手伸进火里，而且要避免接触一切高温的东西。手是这样，身体的其他部分也是这样。通过反思，我们获得了超出"手"和"火"的更加具有普遍意义的经验。

比较经验和反思，我们可以这样理解：经验的对象是行动和行动结果；经验的目的是认识它们之间的关系，获得初步的经验；经验的过程带来经验的丰富、增加与扩充。反思的对象则是经验，它是对于作为认识结果的经验的再认识，是运用理智推动经验不断向前发展的过程；反思的目的在于获得更加合理的经验；反思的过程和实践带来经验的提升和改变，使经验变得可靠和可以实践；反思同时带来思维本身的改善和发展。

教师的实践经验具有案例性

生活、工作经历中典型的、富有意义的事件能够引发人的思考、启迪人的智慧。这种从经历中有意截取的有意义的完整故事或故事片段，就叫作案例。案例对于人们的生活、工作、学习、研究具有重要的借鉴或警示意义。

教师需要基于实践经验的案例知识。教师成长的一种途径是经验加反思。教师的经验，大多是在研究自己或他人的有意义、有价值的教育实践故事中获得的。研究实践中的教育案例，可以建立起教育行动和行动效果之间的关联，获得针对类似教育情境的应对办法；可以对实践行动和实践效果之间的关系进行分析，对实践者的教育决策和行为方式进行解读，从中概括出教育实践的相关原则和理论，并借鉴、批评实践者的思维和行为方式；可以追寻实践者的教育价值并澄清自我的教育观念，重新认识和理解教育的意义。从中获得方法和技术、原则和方式、价值和意义，这样的案例研究架设了教育理论和实践的"桥梁"，能促进我们不断成长和进步。教师需要这种来源于实践、又回到实践的案例知识，教育需要这样鲜活的教学经验，教师的实践改善与专业发展离不开案例研究。

教师的案例知识是一种情境性知识。需要注意的是，由实践案例研究所获得的知识是具有情境特征、故事背景的有层次的教育实践知识。教育案例研究获得的是具有情境意义的概率知识、可能性知识。苏霍姆林斯基说："教育，就其广义的理解来说，这是一个受教育者和教育者都在精神上不断的丰富和更新的多方面的过程。同时，这个过程的特点是，各种现象具有深刻的个体性：某一条教育真理，在第一种情况下是正确的，在第二种情况下是无用的，而在第三种情况下就是荒谬的了。"也就是相同的行动未必一定出现相同的效果；它是一种或然性知识，根据案例知识采取相同的行动或许能带来相同的结果，也可能出现另一种结果；在或然性知识中，有的可能性会更大一些，有的可能性会小一些。教育理论和实践经验（特别是某些具体的理论和实践经验）的可靠并不表现为必然，而是表现为可能性更大，更值得选择和追求。因此，在案例研究的过程中，要尽可能从具体的操作程序和方法中跳出来，去发现关于实践伦理、实践原则等更上位的教育知识，并根据实践情境灵活运用案例知识。

教师要善于选用案例知识。从实践性案例知识的或然性的角度看，遇到"兔走触株，折颈而死"，捡到兔子的情况再次发生的可能性是有的，但这种可能性的概率微乎其微。把这种微乎其微的可能性当成必然性（或者认为可能性极大），用以指导自己未来的实践——"释其耒而守株"，结果是"兔不可复得，而身为宋国笑"。意识到案例知识的情境性，学会依据情境借用案例知识，选择最有价值、更有可能成功的案例知识，是教师需要修炼和发展的专业素养。

因材施教的实践思考

因材施教是教育的常识。我们体会到，因材施教的意义有三：一是需要针对不同的学生个体实施有差异的教育；二是要针对不同年龄段的学生实施有区别的教育；三是要根据不同的教学材料和知识类型采取不同的教学策略。

要针对不同学生个体实施有差异的教育。《论语》中记载了这样的故事。有一天，子路向孔子请教："听到有道理的意见就要实践起来吗？"孔子回答说："你有父亲和哥哥在，你应该和他们商量一下，怎么能够听到以后就实践起来呢？"后来，另一弟子冉有来向孔子请教同样的问题，孔子却这样回答："听到了就要实践起来。"碰巧这两次问答时公西华都在，他感到疑惑，向孔子讨教。孔子说："求也退，故进之；由也兼人，故退之。"（"冉有做事往往畏缩不前，因此我鼓励他；子路的勇气一人抵几人，敢于作为，冲动起来很麻烦，所以我让他慎重一些。"）在这里，就同一个问题孔子有不同的回答，体现了对不同的学生实施不同的、有针对性的教育，这里的因材施教之"材"是不同的学生个体。 而所以能够采取不同的指导方式，首先在于观察和研究学生，有了这样的观察研究，对学生的不同应对也就有了根据——"因"；其次在于手中准备有"进之"和"退之"的不同的"招"，能够见招拆招，因人而异。

要针对不同年龄阶段的学生实施有区别的教育。网络上流传着这样一个故事：

> 1968 年，美国内华达州一位叫伊迪丝的三岁女孩告诉妈妈，她认识礼品盒上的字母 O，是幼儿园老师教的。这位母亲一纸诉状将幼儿园告上法庭，理由是幼儿园剥夺了孩子的想象力。因为在之前，孩子能把 O 说成是苹果、太阳、足球、鸟蛋之类的圆形东西，而自从认读了 26 个字母，这种能力就丧失了。

作为教师，我们可能很难赞同案例中幼儿园家长的控诉。 但冷静下来，我们又不能不承认，不同时段的教育应该有差别。 幼儿阶段应该保护和培养孩子的想象能力以及快乐生活能力，不能过早地灌输知识，这样的知识教学对孩子发展不是有利而是有害的；相应地，小学的学习阶段，学生又需要习得社会生活的基本知识和技能。 上述案例又有学段教育要求的内在合理性。 可以说在学生的不同阶段，成人考虑不同的教学要求，对学生有不同的促进生长和发展的方式。 比如，婴儿时期父母的主要任务是"抚育"；幼儿园时，照顾身体成长、引导玩耍和游戏优先于教育，教师需要"养育"；小学需要"教育"；中学的学生自主性强了，自我教育的水平提高了，教师的责任主要在"教导"；进入高等教育阶段，教师的作用可能更多就是"指导"了。 这该是因材施教的应有之义。

要根据不同的教学材料和知识类型采取不同的教学策略。因材施教还有教学材料之"材"，不同体裁的文本应该有不同的学习目标，采用不同的阅读方法。 比如，诗歌要关注意象和意境，寓言要关注故事和寓意，说明文要了解说明的对象和方法，最好采用默读思考的方式；抒情散文和诗歌可以采取有感情地朗读的方法；数学有建立概念和规则的课，有运用概念和规则的课……

就知识的类型，陈述性知识、程序性知识、策略性知识各有实施的条件，以及相应的方法。 就我们对课堂教学的观察，知识似乎也可以做出确定性知识、不确定知识的区分。

日常生活中，2＋2＝4，这一类的知识属于确定性的知识，确定性的知识就应该教出确定性来。 而"天空中弯弯的月亮像什么""坐井观天的故事里，如果青蛙跳出井口会发生什么"这一类问题的答案是不确定的，一定要把学生的答案限制在"弯弯的月亮像小船""跳出井口的青蛙发现外面污染厉害，它又很快跳回了井里"，这就是限制学生的思维，阻碍了学生的发展。

需要注意的是，在不确定的知识中，有的有多种可能性，但其中又有更优的选择时，教师应该引导学生认识更优、更有效的选择，通过教学实现学生的提升和发展。 比如，对于"3＋3＋3＋3＋3＋3＋3＋3＝？"的处理，学生可以选择一个一个地连加，可以两个一组，或者三个一组加起来再加等多种办法。但在学生具有接受能力时，引导学生用"3×8"处理，争取使用简便和快捷的方法则是教师应该做的。

建构自己的教育理念

奥地利哲学家恩斯特·马赫在《认识与谬误》中说："人们通常先进行思想实验，而后进行物质实验，最后再用思想实验加以反思。 ……在许多情况下，思想实验远远先于物质实验，并为物质实验作了准备。"教师需要实践的经验，同时更需要指导实践的教育理念。 就笔者看来，教师建构和实践自己的教育理念，本身意味着一场思想实验。 这里就教师的教育理念做一讨论。

理念对教育问题的统一性认识。"念"通常有四种意思：一是考虑、思考；二是念头、想法；三是思念、想起；四是言说和阅读。 理念之"念"应该更接近念头、想法，表现为一种思想或者主张。 古希腊哲学家苏格拉底就认为："每个理念只是我们心中的一个思想。"但理念不是可能时起时灭的小的念头，孙正聿在《哲学修养十五讲》解读哲学理念："哲学理念，它直接地表现为每个哲学体系当中的那个统一性原理，而这个统一性原理，一方面，它是思想的结晶；另一方面，它又是用这种结晶去解释其他的全部的哲学问题，因此在这种意义上它就是一种哲学观，就是对这些的根本理解。"迁移之，教育理念表现为对教育某一问题、某一方面的统一性认识，同时以这种统一性认识作为应对这一问题的办事规则与解释依据，具有一定的整体性和相对稳定性。

理念同时有具体针对的方向性。理念是关于某一方面的思想和行为主张。比如，关于教育的理念，关于教学的理念，关于自身专业发展的理念，等等。在教育理念中，可能还有班主任工作理念、家庭教育理念；在教学理念中，则可能有教学设计的理念、教学评价的理念、信息技术运用的理念。因此，言说和表达理念，我们应该说明是针对什么、关于什么的理念。

理念应该经过理性的审视。理念首先应该经过梳理和整理。《韩非子·和氏》关于和氏璧有这样的叙述："王乃使玉人理其璞。"这里的"理"就是加工、治理和整理。德国哲学家康德认为："理念也包含在理性的性质中。""理性在它本身里也含有理念的根据"而且"它是理念的源泉"。由此而言，一个人的理念应该是自己动过脑子，好好地思考过的，是自己的见解和主张，其形成应该有一个理性思考的过程。理念的源头可能是阅读、可能是和别人的交流、可能基于自己的经验或别人的经验。但这些终究只是作为理念资源的"源头"，它最终需要通过自己的梳理、整理、辨别、选择等，借助概括、实践、反思、提炼等方法，最后才能输出理念的"活水"来。形成自己的理念，意味着自己的头脑不是他人思想的"跑马场"。

理念应该是有道理的见解和主张。对想法和观点进行梳理、整理，目的是审视其是否有道理。这里的"道"主要指人道，也就是要符合教育的基本伦理，要符合教育的价值追求，这就是合"道"；"理"与"道"略有不同，韩非子认为："理者，成物之文也。"又说："万物各异理，而道尽稽万物之理。"（《韩非子·解老》）"理"为事物存在、运行的规律、依据和缘由；教育的"理"，也就是教育的基本规律和原则。教育理念不仅要合"道"而且要合"理"，既要合乎教育的伦理、也要符合教育的规律，是合目的性和规律性的统一。理念的理性特征，这使得理念和信念有所不同，信念也有一定的理性，但信念突出的特征是情感性，信念的极致是信仰，信仰有时是经不起理性论证的。教育需要有信仰，德国哲学家雅斯贝尔斯在《什么是教育》中说："教育须有信仰，没有信仰就不能成其为教育，而只是教学的技术而已。"信仰给人以强大的精神力量和克服困难的勇气，理念给人以合伦理、合规律的理性指引和约束。

理念也是影响实践的行动理论和理据。理念本身不是实践，但理念站在实践的背后，以潜移默化的方式影响实践，是行动的理论，是行为的理据。 如果没有对生活方式、行为方式的影响，某种思想仅仅存留在文字和口头上，这种思想就不能称之为理念。 理念是一种特殊的观念，观念也需要理性思考——"观"和"察"，但有的观念是不付诸行动的，付诸行动的观念就是理念。 印度哲学家克里希那穆提在《世界在你心中》中说："思想往往会形成概念，然后人就按照这些概念而活。"理念是那些"按照这些概念而活"的概念。 作为理据，理念应该而且能够为行动做出合理性辩护，也就是能够说明行动是经过思考的、有根据的、符合伦理和规律的。 理念的实践性同时意味着理念本身也具有发展性。 实践之树常青，将教育理念运用于教育实践，实践的丰富性和发展性会对理念本身形成反作用，理念的实践者可以通过反思总结，不断丰富、完善和更新自己的教育理念。

理念具有理想性。人的行动是指向未来的，是追求理想的，作为行动理论的理念具有对未来的引导，体现了理想的追求。 苏格拉底说："未经审视的人生不值得过。"值得过的生活是理性审视的生活，是理念引导的理想生活。 教育理念不是对教育现状（实然状态）的一种直观描述，而是教师对于所谓"好教育""理想教育"应该是什么样子（应然状态）的一种美好的期望和追求，是值得这样做、应该这要做的。

从提供思想到促进思想的教学变革

笔者有这样的教学变革理念：教师角色要由思想的提供者转变为思想（思考）的促进者，教学的过程要从提供思想走向促进思想（思考）。 以此为例，笔者在这里分析教育理念的形成和实践。

提出该理念的相关理性思考：（1）学生是学习活动的主体。 在提供思想的教学活动中，学生主要角色是受体，是接受知识的"容器"，而不是学习活动的主体。 促进思想的教学强调要确立学生的学习责任，使学生成为学习活动的主体，在主体参与的过程中实现学生主体性的发展。（2）参与是学习的条件，学生学习需要主动参与。 学生学习参与除了身体、情感的参与，更为重要和基础的是思维的参与，教学需要学生积极主动地思考，这是教学有效实施的前提和基础。（3）教育要培养核心素养，思维方式、思维品质、思维能力和思维习惯是重要的素养。经济合作与发展组织认为："反思性思考和行动是核心素养的核心。"美国教育家杜威认为，教育的意义在于"改变人性以形成那些异于朴质的人性的思维、情感、欲望和信仰的新方式"。培养思维需要让学生经历思想的过程，在思想过程中培养思维，在思想过程中改善思想。（4）1976 年，联合国教科文组织在《国际教育标准分类》中，这样定义教育："教育是有组织、有目的地传授知识的工作。"1997 年，该文件修订，教育的定义变成了"教育是能够导致学习的交流活动"。"传授知识"是提供思想，"导致学习的交流"是促进思想。进一步追根溯源，苏格拉底与人交流运用被称为"产婆术"的启发式；孔子说："不愤不启，不悱不发。举一隅不以三隅反，则不复也。"《学记》云："君子之教，喻也。"美国课程专家小威廉姆·多尔在《后现代课程观》中预测："如果后现代教育学能够出现，我预测它将以自组织概念为核心。"这些无不证明从提供思想到促进思想的合理性与可靠性。

从提供思想到促进思想背后有这样一些教育理想：一是期望能培养学生的学习责任，使他们履行学习主体的应尽义务，从而提高学习质量和效率；二是在引导学习者参与思想中学会学习，学会思考，学会批判和创造；三是希望学生通过思维的改善提升人生质量。可以说，思维方式决定了人的生活态度和生活方式，生活方式又在一定程度上影响生活能力的形成与发展，而人的生活能力最终会决定他的生活状态和品质。我们期待"从提供思想到促进思想"的教育变革与实践，能带给学生更理想、更美好的人生。

该理念对我的教育实践产生了这样一些引导价值：（1）运用于教师教育。笔者提出了观课议课的变革主张。以评课为例，评课主要是把自己思考的结果告诉别人："你这样教有这样一些优点和缺点……。""你可以这样教……。"话语用句号，是提供思想。议课则是提出问题，引起和促进他人思考，比如："你为什么这样教？""你还想过怎样教？""如果你下次教，会有什么样的改变？"话语用问号，这是促进思想。美国教育学者帕克·帕尔默说："那些学会与自己对话的人们很快就会惊喜地发现，教师的内心是他们所遇到的最通情达理的对话伙伴。"促进思想是教师专业发展的有效途径。（2）运用于教育写作。在

《影像中的教育学：从电影中体悟教育与人生》序言中，笔者说："在写作生活中，我一直在做着让读者把读一本书变成一次学习活动的努力，这次也不例外。 具体而言：一是整个表达要形成一种参与召唤——'我期望和你讨论相关问题'。 二是自己的角色要努力从思想提供者转变为思考的促进者，把读者的阅读转化成对话活动，期望启发您进行一段思考，期望引发您的一场探索。"（3）运用于教学活动，笔者致力以"教学效率＝（同学们围绕教学内容的适度紧张的智力活动时间＋有价值的情意活动时间）/教学投入时间"实践有效教学，公式的核心思想就是教学要从提供思想转变为促进思想，课程理念要从追求目标的"阶梯课程"走向致力用思想促进发展的"登山课程"。

可以说，这样的理念成为笔者实践的"统一性原则"，笔者已按照这样的理念而生活。

（陈大伟，杨琪，刘洪言）

从《刻舟求剑》
看教育的变与改变

学了为什么没用？分析起来，大致有这样一些可能：一是没有学以致用的意识，没有想起学过的理论、学过的方法可用，以至于一切都自己从头摸索，走了很多弯路；二是对学的东西不重视，没有记住，左耳朵进右耳朵出，学了等于白学，遇到问题找不到有效的方案；三是学的时候没有朝实践的角度思考和推演，学到的东西缺乏实践的活力，缺乏运用价值。

在非紧急、非伤害的教育意外情境面前，教师所表现出的机智应该是控制自己即时反应的冲动，在有所思考、有所规划以后再行动，这是教育实践的另外一种机智。

教师的择宜素养包括择宜的意识、经验、能力。

教育的活动就像流动的"河水"，你不能奢望用一种理论、一种方法、一种模式来表达它、把握它。

《刻舟求剑》典出《吕氏春秋·察今》，其内容为："楚人有涉江者，其剑自舟中坠于水。遽契其舟，曰：'是吾剑之所从坠。'舟止，从其所契者入水求之。舟已行矣，而剑不行，求剑若此，不亦惑乎！"剑掉入水中，刻个记号去打捞，可是记号刻在了航行的船上，那刻记号还有什么意义呢？写这个寓言的也好，传这个寓言的也好，其意都在讽喻"寻剑人"的不知变。这里拓展开来，我们讨论教师如何及时有效应对教育的意外，如何知变应变，如何亡羊补牢。

教育如何及时应对意外

涉江时，剑自舟中坠于水，这是突然发生的意外。涉江者怎么办？遽契其舟，也就是立刻做出反应。应该说反应是够迅速的了，只是这种仓促做出的反应不合理，采用的方法不能找回丢失的宝剑。人生意外处处有，教师也会遇到种种突如其来的意外。比如：一只小鸟飞进教室，两个学生突然打架，学生突然提出一个莫名其妙的问题……教师怎么办？

预先要有一定的冗余准备。《礼记·中庸》说："凡事豫则立，不豫则废。""豫"是准备，负责任的教师都会对将来的活动预做规划，这样的准备就是教育教学的设计。因为可能出现意外，这样的设计和准备就不能只是一种，还需要有一定的冗余。所谓冗余，就是在用于实践的方案之外再多想一想，设想另外一些可能，做出一些预备。这样，有了一种基础的准备后，还可以再想一想："对某一些教学内容，万一学生没有相应的知识储备和先期准备怎么办？""万一遇到学生学过，都知道了，又怎么办？""预备的这一种方法行不通，怎么办？"……这些想象和推测的情形在实践中有可能出现，也可能不会，冗余准备的方案可能用得上，也可能用不上。但需要做冗余准备，其目的在有备无患，万一意外出现了，不至于手忙脚乱。

有这样一个案例：

一节小学数学课，教学内容是"认识圆周率"。老师这样引入："同学们，我们知道正方形的周长是边长的四倍，圆的周长该怎么计算呢？它与圆的直径是什么关系呢？大家知道吗？"

老师期望学生说不知道，然后引入教学。没有想到学生说知道。

老师接着问："你们是怎么知道的？"学生说："我们预习了，从书上看到的。"

学生回答打乱了老师的教学设想。该怎么办？

这位老师没有冗余的准备，只能按照"同学们不知道"的原有计划，教同学们自己认为"已经知道"的东西。

老师的准备不足，在他心中或许只有学生不懂或者"学生懂了也会配合老师说不知道"的预设，缺乏学生可能先学先看，并且实事求是说"已经知道"的可能性预设。要知道，教学除了发现和探究的路径，还有检验和验证的路径；在学生未知的情况下，发现和探究式教学是一种有效的路径；而在学生已知的情况下，检验和验证式教学则是另外一条思路。如果教师预先在"学生未学、他们不知道"的判断外，再多一点"学生手里有书，说不定他们已经知道"的可能性推断，就可以做出验证性教学的冗余准备。比如，相应进行如下的教学调整：

"大家学会了自己看书先学，这很好。现在已经知道周长与直径的关系是3.14倍，大家知道是怎么来的吗？"

如果还知道，"知道了是怎样得来的，但这个结论对不对呢？想不想自己检验一下？"

如果有检验过的学生，"你预先已经检验过了，这种质疑态度和主动学习的精神大家都该好好学习，你能不能给大家介绍一下你怎么检验的，检验的结果是什么？"

及时检索和借鉴头脑中储备的相关案例。教育教学都可以适当做一些冗余准备，但终究计划不如变化多，意外总会发生，犹如涉江者的宝剑坠入水中。对于突如其来的意外，搜索过去类似的案例，唤醒过去的所学、所知和相似的经历也是一种有效的方法。

有一年，我教的师范生实习归来，笔者和他们交流实习中的经历、故事和收获。一位同学说自己实习初中班，有一天守晚自习，教导主任叫她出去谈一点事，回到教室，发现两位同学打架，A同学平时惹是生非，B同学一直表现良好。实习的同学想当然地对A同学呵斥教训，没有想到激起了A同学的怒火……事后调查，这次打架事件因B同学对A同学的嘲笑而起。听完她的故事，笔者问了一个问题："这是一个应对学生打架的意外事件，关于学生打架的应对和处理，我们不是学过陶行知'四块糖的教育故事'吗？你为什么不用？"

学了为什么没用？分析起来，大致有这样一些可能：一是没有学以致用的意识，没有想起学过的理论、学过的方法可用，以至于一切都自己从头摸索，走了很多弯路；二是对学的东西不重视，没有记住，左耳朵进右耳朵出，学了等于白学，遇到问题找不到有效的方案；三是学的时候没有从实践的角度思考和推演，学到的东西缺乏实践的活力，缺乏运用价值。这就需要改造我们的学习。

以陶行知"四块糖的教育故事"的学习和运用为例，如果我们仅仅停留在对陶行知的敬佩，甚或在想"陶行知遇到的王友真懂事，我们遇到的学生就没有这样懂事"，那这个案例的意义就会大打折扣。针对未来实践，我们可以在学习时解析出以下策略：（1）在制止学生打架以后，要冷静下来，不要急于处理，要为学生留下情绪缓冲和认知反省的时间，使学生对接受批评有一个心理准备，"退后一步自然宽"。（2）在批评教育学生之前，老师要先做调查研究，不要在事情不清楚、情况不明白的时候教育学生，批评和表扬学生都要有真凭实据。（3）教育要善于利用积极因素克服消极因素，以正面教育促进学生自我教育。比如，陶行知反其道而行之，对王友不是责备批评，而是发现优点，加以肯定。（4）对学生的表扬和肯定要有针对性，要指向学生的具体行为，使学生知道什么行为是老师肯定的，知道自己的努力方向，从而自觉追求老师期望和鼓励的行为，收到教育的效果。（5）批评学生要注意场合，单独约学生到办公室面谈，可以缓解学生的紧张对立情绪，从而营造积极、轻松的师生谈话氛围。教育家陈垣说："缺点尽量在堂下个别谈；缺点要改好了，有所进步的，尽量在堂上表扬。"

有了这样的学习和分析，学以致用。今后再遇到学生打架，在制止打架以后，我们就应该先等一等，先做调查研究，同时还要注意批评和教育学生的场合，批评教育尽可能私下进行，表扬进步尽可能公开实施。

在非紧急情况下可以"适当慢"。在《刻舟求剑》的故事中，找到丢失宝剑的有效方式可能是不假思索、当机立断地"跳下水去"。在教育实践中，也有需要不假思索、当机立断的时候，优秀教师、有经验的教师也常常表现出这样的教学机智。所以，加拿大教育学者马克斯·范梅南认为："机智的行动总是即刻的、情境中的、偶然性的和即兴发挥的。"但这样的教学机智需要实践经验的支撑，需要机敏的情境判断、情境辨别和行动选择能力。如果没有修炼出这样的素养，大多的即时行动往往靠不住，急中很难生智。追求更合理的教育教学，教师更需要三思而后行。也可以这样说，在非紧急、非伤害的教育意外情境面前，教师所表现出的机智应该是控制自己即时反应的冲动，在有所思考、有所规划以后再行动，这是教育实践的另外一种机智。

2003 年，在基础教育新课程小学语文骨干培训者国家级研修活动中，一位学员与笔者交流："学生在课堂上说'我喜欢白骨精的聪明和坚韧不拔'，教师该怎么办？"

笔者的意见就是不着急，"慢慢教，等等呀"。可以先用似笑非笑的神情看着这位学生。这样的看和等有两个作用：一是可以让这位同学反思"老师这样看我，是不是我说的有问题"，让学生的思考更全面更合理，发展学生思维，等待学生自我调整与改变；二是可以为自己思考和选择有效的应对策略赢得时间。

慢下来，我们可能找到这样的应对思路和方法。

首先，要营造安全的学习环境，对所有参与发言的学生进行鼓励，鼓励他们创新性的想法，鼓励学生说真话。比如说："某同学，你的答案有些出乎意料，但你能真实地表达自己的想法，老师很欣赏。而且，你这是在认真阅读、独立思考后得出的答案，这种结合课文认真思考的学习态度、方法特别值得大家学习。"

其次，只有学生的自主建构，没有教师的价值引导是不可取的。如果学生说错了，教师不加以引导和帮助就是不负责任。对学生明显错误的认识，教师应该引导他们获得正确的认识。对"学生喜欢白骨精"这个问题必须让学生明白，道德的底线是对他人生命和自由的尊重。

最后，学生错了，教师又要尽可能将认识错误和纠正错误的机会和权利还给学生，不要只是简单说"你错了，正确的答案是……"，而是要积极引导，启发他自我认识、自我改进、自主建构。比如，教师可以和学生讨论："如果你是唐僧，你还喜欢白骨精的聪明和坚韧不拔吗？"通过换位移情，使学生明白"己所不欲，勿施于人"的道理，明白个性张扬必须有不损害他人利益和公共利益的底线。而且要启发学生认识"害人者必受惩罚"：当白骨精要吃唐僧时，孙悟空出现了，白骨精最终被代表正义的孙悟空消灭。

教师要知变与研变

可以这样推想，这位失剑者过去在陆地的悬崖边坠剑，在悬崖边坠剑，马上跳下去不仅愚蠢而且可能危险，有效的方法就是在悬崖留下记号，然后找来绳子，在有记号处放下绳子，沿绳而下，这可能是一次成功的经验。过去的成功经验可以参照运用，但用时一定要看一看是否情况有"变"。寻剑也罢，做教育也好，都要知变、研变和求变，要知道成功可能成为"陷阱"，固执可能导致失败。

教师要关注变化，发现变化。教育需要某些守望，会有某些不变。比如，教育适应儿童身心发展特点，教育满足社会发展需要。对于儿童，你总得从1＋1＝2这样的基础入手，这应该是教育不变的坚守。但在看到某些不变的同时，教师又一定要意识到教育在变，需要对"变"保持敏感。在自己坐在船上时，别忘了我们在河水中行进。

2005 年，笔者在一所中学工作，有一位教初中数学的同事教学业务能力不错，对学生要求也比较严格，对课堂上不听课的同学常常扔粉笔头。几次过后，就有家长到校投诉，校长安排笔者和这位同事交流。这位同事对笔者说："老陈，古语说得好'黄荆条子下出好人'。我自己就是这样的例子，读初中的时候，我特别调皮，班主任狠狠地收拾了几次。现在，我考上大学，走出了农村，成了一位数学教师。"笔者和他交流："时代变了，环境变了。过去强调师道尊严，现在提倡师生平等，相互尊重；过去对体罚和变相体罚的禁止不严，现在有多部法律禁止体罚和变相体罚学生；现在的学生是第 N 代独生子女，现在的家长对自己的孩子宝贝得不得了……这种种变化，都在提醒我们，过去的黄历今天翻不得了，不起作用了。"

想一想：不同年代的学生是不是在变？班上的学生是不是在变？社会的要求是不是在变？家长是不是也在变？教育的工具和手段是不是也在变？如果你对这些变化不敏感，那 2020 年的新冠肺炎疫情爆发，你由过去的面对面的授课变成"主播"，这是不是在变？人工智能进入教育领域，重复的缺乏创造性的教师可能被智能机器人取代，这是不是一种巨大的变？可以说，变是时代与教育的重要特征，教师一定要知变。

在讨论观课议课时，笔者常说"教育真理具有境脉特征"。"境"主要表现为教育对象的空间与境况的特殊性，教学内容不同、教学对象不同、教学环境不同、教学条件和工具不同，教育的方法和范式自然应该有所不同。"脉"表现为教学活动的时间延展性和变化性，学生的成长不是一节课完成、不是一节课实现的，教学有自己的过去、现在和未来。美国神学博士阿伦·瓦兹在《心之道：致焦虑的年代》中这样说："你无法抓牢生活，就像你不能将一条河放在水里带走。要是你试图将流动的水抓住并放入一只桶内，这只能表明你并不懂得流水的性质而且你将永远失望，因为水是不会在桶内流动的。想'拥有'流水，你必须放手让它走，让它奔流起来。"教育的活动就像流动的"河水"，你不能奢望用一种理论、一种方法、一种模式来表达它、把握它。

教师要研究改变，理解改变。刻舟求剑是寓言，真实的河水中寻物在清代文学家纪昀的《阅微草堂笔记》有记述。沧州南面的一座寺庙靠近河岸，一次洪水，大门倒塌在河中，两个石兽一起沉入河底。过了十多年，和尚募集金钱重修寺庙，在石兽坠河处寻找却没找到，推断它们已经顺流而下，但在下游寻找了十多里也没有挖出石兽。

一个在寺庙里教书的先生知道后，就嘲笑说："你们这些人不能推究事物的道理。这不是木片，怎么能被大水带走呢？石头的性质又硬又重，沙的性质又松又轻，埋在沙里，越沉越深。沿着河寻找它们，不也荒唐吗？"大家认为有道理，准备往深处找。

没有想到，一位老水手却说："凡河中落入石头，应当从上游寻找。石头又硬又重，沙的性质又松又轻，水冲不走石头，它的反作用力，一定在石头下面迎面冲击石前的沙子形成坑穴。越冲越深，到一半的地步，石头必定掉在坑穴里。像这样冲击，石头再转移。不停地转移，于是反而逆流而上了。到下游寻找石头，固然荒唐；在原地寻找它们，不是也很荒唐吗？"人们依照他的话，果然在河流的上游寻到了石兽。

石兽坠落沙河中，过了十多年，老水手凭借自己的经验和研究，成功地给出了在河流上游找石兽的建议。设若掉的不是石兽，而是其他物质呢？设若掉下以后马上寻找，没有时间耽搁呢？再设若不是掉在沙河河床中，而是坚硬的石质河床呢？当这些情况发生了变化，你又在哪里找？这就需要在"知变"的基础上"研变"，在"研变"基础上做出"改变"。在知道教育真理具有境脉特征后，你要研究教育的"境"是否在变？教育的"脉"是否在变？

笔者曾观察了这样一节小学数学课。

老师通过生活中的故事引入小数除法的学习。老师的问题是："在甲商店买5袋牛奶需要11.5元。在乙商店，同样的牛奶买5送1，需要12.9元。精打细

算哪一家更便宜？用什么办法计算？"

通过讲解，老师已经引导学生得出"11.5÷5＝"和"12.9÷6＝"的计算比较方法，并将算式写在黑板上了，同学们只需要实践和探讨小数除法中小数点如何正确对位就能完成任务。

同学们开始动手计算，笔者站起来观察大家的思路和方法。笔者发现，大部分同学在列竖式进行小数除法的计算，而且绝大多数都能正确计算。但也有不同的思路和算法：有的将"11.5 元"改写成"115 角"，变成整数除法，然后再把"23 角"换成"2.3 元"；也有的将除数和被除数同时扩大十倍……笔者身边的同学的方法最为特殊，他在作业本上这样写：

"11.5÷5＝2.3

11.5＋2.3＝13.8

13.8＞12.9

乙店便宜。"

仔细想一想，笔者真想为这位同学叫好：老师和其他同学想的是比较每一袋的价钱，他比较的是在两个商场同时买 6 袋所需要的价钱，而且这种方法是在老师已经明确只需要计算"11.5÷5＝"和"12.9÷6＝"的情况下，自己还愿意去想其他的方法，这是一种很有价值的方法！

看到笔者在观察这位同学，上课老师也过来仔细琢磨了这位同学的做法，脸上露出了笑容。我等着看授课教师如何处理这个同学的不同的思考问题的方法。

该交流了，老师请了几位同学上讲台，主要是用"将 11.5 元改写成 115 角，变成整数除法，然后再把 23 角换成 2.3 元"的方法过渡，然后开始讲解小数除法的对位规则。这个同学十分兴奋，不断说"我还有"，希望老师给自己机会，但老师始终都没有让这位同学分享自己的做法。

课后，笔者和这位老师有这样的交流。

笔者：某老师，课堂上曾经出现这样的现象(描述课堂故事片段，此处略)，我想问一下，你为什么不给这个学生上讲台表达的机会呢？

授课教师：我也很想让他来给大家说一说，但后来一想，他的做法很独特而且具有创造性，但是越独特的东西越不容易被理解，我站在他身边都看了一阵才明白他的思路。让他上去讲，他能够在比较短的时间讲明白吗？其他同学是否能够听明白呢？我怕他把时间用多了，结果大家还是不懂。毕竟，我这一节课的主要任务是小数除法的规则和方法。

笔者：我同意你的看法，基本的东西先要教懂。我想知道，你在巡视时，注意到没有，有多少学生还不会列式计算小数除法？

授课教师：就我看到的，应该说没有不会算的，只是算的方法有差异。

笔者：在同学们计算的时候，我也起身观察了八位同学，发现他们都会做了。从我们看到的情况，我们能不能这样说，在老师没有讲"小数除法规则和方法"以前，学生已经会计算了？

授课老师：是的。陈老师，这里的(成都市区)学生太厉害了。你知道，我是从藏区过来学习的，我们那里的很多学生不教就不会，有的教几次都还不会。我还是担心学生讲不明白，那就浪费时间了。

笔者：你已经注意到学生不同了。我观察周围同学，也发现绝大多数学生实际上已经掌握了小数除法的计算规则和方法。都会了，那在课堂上就可以少讲了，这就可以节约时间，那位同学的创造性想法就可以有分享的时间。而且老师不容易看明白，不一定孩子就不容易讲明白，说不定孩子用孩子自己的语言，他们很容易就理解了，就懂了。实在讲不懂，后面不还有我们老师吗？

在这个案例中，教师观察到了大城市学生和藏区学生的差异，注意到了学生有变化，但是没有对学生的变化很好地研究和利用，还是采取自以为更妥善的方法。这在一定程度上伤害了学生创新学习和交流表达的积极性，也使其他同学失去了认识和理解一种新的解决问题的思路与方法，没有体现出和实现好因材施教。

人生需要"吃一堑长一智"。等船停了，涉江者顺着刻舟的位置入水寻剑，结果可想而知。这时的涉江者可能会有什么样的反应和表现？或者后悔莫及，难过痛苦；或者掩饰自己的失误，装着没事人一样自我安慰；或者反思检讨，从中获得经验。在已有的选择中，"反思检讨，从中获得经验"更可取，这是一种穷则思变的应对。穷则思变意味着一种方法行不通，效果不好了，就需要总结经验，有所改变。就教师而言，如果明明知道这样教对教学效果不好，你还坚持这样教，这就是对学生的不负责任。另外，如果说"不撞南墙不回头"一定程度上说明有坚持的勇气，那撞了"南墙"都不回头就有些执迷不悟了。

如何穷则思变？这就需要对过去的经历进行反思，从中获得改变的经验。针对上述案例，笔者和授课教师还有如下的对话。

授课教师：这样想来，我的处理确实不够理想。我们经常遇到的一个问题，那就是学生提出一个意外的问题，不知道怎么办。

笔者：从流程上，可以首先进行价值判断，就是判断包括这个问题的意义和价值，如是否和教学内容产生关联，是否对学生发展有意义。需要注意的是，在进行价值判断的时候，不能仅仅只有问题而没有学生，不能眼中无人，例如，对于非常积极踊跃参与教学、热情开朗的同学，得不到这次机会对他可能不算什么；而对于性格内向的同学，尽管他的问题可能价值不大，但能积极主动参与学习这个事件本身对他意义重大，我们就一定要给他机会。其次是难度判断，如学生是否能够接受和理解，需要花费多少时间。价值判断和难度判断的结果是得出"处理这个问题值不值""该不该处理这个问题"的结论。有了这样结论以后，最后是时间判断，根据花费时间选择是当堂处理，还是延后处理，以及如何更有效地处理。

人难免失败，但人可以"吃一堑长一智"，失败以后，学会总结、学会反思，从中找出未来的可能的成功之路，这也算"失之东隅，收之桑榆"。当然也要看到，人生也好，教育也好，成功并不容易，所谓"没有人能随随便便成功"。有人这样描述人生：尝试—失败—再尝试—却更好地失败。与先前的失败比较，"却更好地失败"是一种进步，这种进步在于它是总结失败教训以后的调整，屡败屡战，不断进步，我们就可能接近和实现成功，而且我们自己的成长进步本身就是成功。

用行动研究变革教育实践

关于行动研究，澳大利亚的凯米斯在撰写《国际教育百科全书》"行动研究"词条时这样定义："行动研究是由社会情境（教育情境）的参与者，为提高对所从事的社会或教育实践的理性认识，为加深对实践活动及其依赖的背景的理解，而进行的反思研究。"行动研究就是行动和研究紧密结合，不能分离的一种研究，它可以从四个方面理解。

为行动而研究，这是行动研究的目标定位。行动研究不是寻章摘句的理论研究，它直接面向行动，面向实践。行动研究的研究成果要为实际工作者所理解、掌握和实施，研究以解决实际问题，改善行动者的行为方式，提高行动的科学性和有效性，以提高教育质量为首要目标。

对行动进行研究，这是行动研究的研究对象。行动研究的课题来自实际工作者的困难和问题，它要求教师把握实践活动的情况，找出真问题并对问题做充分的研究，关注自己的教学实践，关注自己的问题，把实践中的问题确定为研究课题。

在行动中研究，这是行动研究的主要方式。在行动研究兴起阶段，美国社会心理学家勒温提出了"没有无行动的研究，也没有无研究的行动"。在实际工作中进行行动研究，它要求研究者面向实践，结合实际依据有关理论认真思考，按计划谨慎行动，以此保证研究工作的实际意义。

主要由行动者研究，这是行动研究的主体。行动研究可以由实际工作者和理论工作者共同参与完成，但研究主体应该是一线教师，专家和理论工作者对研究只起咨询或帮助作用。可以说，实践中的一线教师，以及合作中的同事才是行动研究真正的"当事者"。

让行动具有研究性，施良方教授在《中学教育学》中提出行动研究的循环过程可以采用这样一组以教育活动为背景的陈述。

（1）当我的教育价值观遭到实践否定时，我碰到了问题（如学生在课上并非我所要求的那样积极参与）。

（2）我设想着解决这个问题（重新组织以使他们提高积极性，是以小组活动还是进行结构性练习）。

（3）我实施这个想象中的解决方案（我让他们进行小组活动，并引入了有结构的练习，使他们在没有我经常监督的情况下，提出和回答问题）。

（4）我评价我行动的结果（我的学生参与性强多了，但他们太吵闹，并且在有结构性练习的情况下仍依赖于我）。

（5）我根据自己的评价重新系统阐明问题（我必须找到一种方法，使他们既积极参与又不太吵闹；我必须找到一种方法，使他们在自身的发展中更具有独立性）。

修炼教师的择宜素养

是马上跳下水去"求剑"，还是"刻上记号"、做出标记做好准备再去寻剑？ 这里就有一个选择，找到最合适、最恰当方法的问题，应对和处理当前的问题。 这是一种择宜，教育择宜需要教师修炼择宜素养。

2018 年，陈向明教授在《教师最需要什么素养》一文中强调："教师最需要的不是理论沉思所需要的高智力，也不仅仅是制作所需要的技艺，而是在复杂情境下'择宜'的素养。 这也就是中国文化所推崇的'中庸'，遇到问题不走极端，遵循'善'的目的，通过实践推理，根据具体情形采取此时此地最恰当的策略。"可以说教师最需要的一种素养是择宜素养。

美国著名法理学家富勒在《法律的道德性》中说："在人类的每一次追求中，在我们穿越完全失败的深渊和人类卓越成就的巅峰之间的狭长山径的时候，我们总会遇到平衡的难题。"今天，我们更加重视和强调"择宜"，一方面是时代发展强化了选择的重要性和必要性，孙正聿教授认为："从传统社会到现代社会的转变过程，就是人的行为模式由指定性行为转变为选择性行为的过程。"可能性多了，你不能不有所选择。 另一方面，教育本身具有多种影响因素和多种可能效果，联合国教科文组织编写的《学会生存——教育世界的今天和明天》指出："教育既有培养创造精神的力量，也有压制创造精神的力量。"

教育应有的选择是："保持一个人的首创精神和创造力量而不放弃把他放在真实生活中的需要；传递文化而不用现成的模式去压抑他；鼓励他发挥他的天才、能力和个人的表达方式，而不助长他的个人主义；密切注意每一个人的独特性，而不忽视创造也是一种集体活动。"作为一种以促进人的发展的有目的、有意图的实践，教育本身就是选择，做教育就是做选择，选择最恰当、最合适的教育目的、教育内容、教育手段等，去追求和实现更有价值的教育。可以说，专业的教师总在用最专业的方式寻找和实施最恰当、最合适的教育。

素养是一个人通过后天修习所获得的品质和能力。就我们看来，教师的择宜素养包括择宜的意识、择宜的经验、择宜的能力。

教师要不断修炼自己的择宜意识。择宜意识是教师对教育择宜的理解和认识。修炼择宜意识需要注意以下几个方面：（1）要确立教育需要面对差异、做出选择、兼顾平衡的意识。作为教师，需要不断加深理解学生的丰富性和发展变化性，理解影响学生发展的多因素性，理解教育实践多主体的利益交织性，理解择宜选择的必要性和重要性，从而提高教育择宜的自觉性。（2）要意识到教育择宜既是教师的专业义务，也是教师的一种专业权利，教师有专业义务和权利做出判断与选择，并为自己的行为承担责任。作为一种实践智慧，教育的择宜表现为实践的中庸，"中庸"的本质是适度与和谐，是适宜。亚里士多德对此有这样的认识："要在应该的时间，应该的境况，应该的关系，应该的目的，以应该的方式。这就是要在中间，这是最好的，它属于德性。"择宜是教师的内在德性。（3）教育教学都要有开放意识，《论语》说："子绝四：毋意，毋必，毋固，毋我。""毋意"意味着教育实践不能没有根据，要研究学生特点、心理和需要，要研究环境和家长的特点和需要，要分清现象和事实，不要对现象做出臆断；"毋必"意味着教育不要线性思维，要有复杂性思维，少一点必然性论断，多一些可能性、或然性思考，在与他人的交流中，多一些协商与讨论；"毋固"意味着我们要认识学生和时代要求的变化，不固守过去的教育老法子，要研究新情况，做出恰当的教育变革；"毋我"意味着要避免立场先行，以立场画线，听不得他人意见，看不得他人不同，要学会向真理投降。（4）要确立终身学习的意识。要不断学习、不断研究和实践，认识和理解教育的可选择性，从可选择性中进行更恰当的选择，实施更适宜的教育。以教育模式的选择和运用为例，布鲁斯·乔伊斯认为："没有一种模式在所有的教学目标中都优于其他，或者是达成特定教育目标的唯一途径……这就要求优秀的教师（或设计人员）必须为了自己的终身职业发展掌握大量的教学模式，完善或扩展自己的已有模式。"要选择运用恰当的模式，就得掌握大量的模式，心中有模式可选，中庸是这种看清全局、从中选择的中道和平衡。

积淀教师的择宜选择。现在想一想，给你一顶帽子，你能从中变出什么来？你和我，可能从里面抓出空气；而魔术师可能根据场景变出鲜花、扑克和鸽子，首先就在于他身上藏着这些东西。多准备一些，就是要积淀择宜的可选择项。教师的择宜经验来源于实践，它可以是自身的实践，也可以是他人的实践。从自身的实践看，以下两种途径并行不悖：行动研究是获得择宜经验的一种途径，带着某种经过择宜的行动方案到实践中验证和比较，可以获得应对同类问题的思路和策略。实践以后的反思是获得择宜经验的另外一条途径。教育实践情境难以预料，实践中遭遇了意外，我们不得不紧急应对，事件结束以后，回头反思，也可以找到某些更合适的方法。择宜经验也可以从读书、从他人的经验中获得，上述对陶行知先生"四块糖的教育故事"的学习就可以帮助我们获得和运用择宜经验。

锻炼教师的择宜能力。教师的择宜能力是一种教育的实践智慧，它是一种对时间、地点、方式是否恰当的判断能力，以及选择合适方式进行适宜教育的能力。（1）择宜能力是对教育对象、教育环境的研究和洞察能力，在研究洞察中发现他们不同的特点和诉求，以及他们当下、既往以及未来的变化趋势，从而有针对性地做出判断、进行教育择宜。就不同的学生而言，择宜意味着因材施教，"因"是根据，"因"的基础是观察和研究，也可以说，教师的第一能力是研究学生的能力，然后在此基础上择宜施教的能力。（2）教育的择宜要有把握全局的能力，要定位于培养全面发展的人。叶圣陶先生在《如果我当教师》中表达过这样的观点："我不忘记各种功课有个总目标，那就是'教育'——造就健全的公民。每一种功课犹如车轮上的一根'辐条'，许多的辐条必须集中在'教育'的'轴'上，才能成为把国家民族推向前进的整个'轮子'。这个观念虽然近乎抽象，可是至关重要。有了这个观念，我才不会贪图省事，把功课教得太松太浅，或者过分要好，把功课教得太紧太深。"要培养整体的人，健全的人，既无不过也无不及，这对今天的我们更是一种警示和提醒。（3）有了整体的平衡与关照，在具体的教育实践中，教育的择宜表现为取舍的能力。以语文教学为例，九年义务教育要借助诗歌、散文、小说、议论文等教学材料，通过讲解、思考、练习、实践等多种学习方式，搭建学生听说读写思等语文素养的"一栋房子"，这是课程标准的要求，这是全局的意识。但具体到某一节课、某一群学生，在学习材料上教师需要有篇目的选取，在学习目的追求上要有所侧重，在学习内容上要有所比较，教学方式要依据目标和内容……很显然，教师不能每一节课面面俱到地做一间"小房子"，然后堆成语文素养的"大房子"，重要的是在某一时间段里做出"筑地基""砌墙""封顶"的取舍。通过这种"聚焦"的选择，让学生一课一得，学有所获，恰到好处，这是教育取舍的实践智慧。

（陈大伟，李巧）

从《盲人摸象》
看教师认知与
专业对话

人的观察会基于过去的认知经验，总是戴着自己的"眼镜"。不同的人依据的信息以及解读信息的经验，所戴的"眼镜"并不一样。

认识事物不仅需要"观"，而且需要"察"。

狭义的学生是在学校里，在成人、同伴的帮助或影响下，学习生存的本领，获得生活的智慧，体验生命的意义、价值和尊严的人。学生到学校里干什么？不是学"考"，而是学"生"。

教学设计在确定教学目标后，要再问一问，这样的教学目标对学生生存、生活、生命的意义是什么？如果我们能找出教学内容对学生的意义，我们就会满怀热情和期盼地走进教室——因为找到了这一课的教学意义，找到了劳动的价值；相应地，如果学生理解了所学内容对他们人生的意义和价值，就会怀有学习期盼，在学习过程中就会积极努力地学。

《盲人摸象》来源于印度佛教故事。《大涅槃经》有这样的内容："譬如有王告一大臣：汝牵一象以示盲者。 尔时大臣受王敕已，多集众盲以象示之。时彼众盲各以手触。 大臣即还而白王言：臣已示竟。 尔时大王即唤众盲各各问言：汝见象耶？ 众盲各言：我已得见。 王言：汝见象类何物？ 触其牙者言象如芦菔根，触其耳者言象如箕，触其脚者言象如臼，触其脊者言象如床，触其腹者言象如瓮，触其尾者言象如绳。"

我国的多数受众接触的盲人摸象故事除去了佛教的背景，也简明扼要得多：

有一天，四个盲人坐在树下乘凉。有个人牵着大象走过来，大声喊着："象来了，请让开一点儿！"一个盲人说："象是什么样子的？让我们摸一摸吧！"另外三个盲人也说："对，摸一摸就知道象是什么样子的。"牵象的人把象拴在树上，他们就去摸。

一个盲人摸着了象的身子，就说："我知道了，象原来像一堵墙。"一个盲人摸着了象的牙齿，就说："象跟又圆又光滑的棍子一样。"第三个盲人摸着了象的腿，就说："你们俩说得都不对，象跟柱子差不多。"最后一个盲人摸到了象的尾巴，就大叫起来："你们都错了！象跟绳子一个样！"

四个盲人你争我吵，都说自己对，谁也不服谁。牵象的人对他们说："你们都没有说对。你们每个人只摸到了象的一部分，怎么能断定象是什么样子呢?"

小时候，我们从这个寓言中接受的教育，大致就是不能以局部代替整体，不能以偏概全，不能目光短浅，不见整体。教师是不是"盲者"，我们如何"脱盲"，本篇就此做一讨论和分享。

正视和接受人的"盲者"角色

一般而言，盲人摸象是一个贬义的成语，说某某是盲人摸象，往往意味着他只见树木不见森林，只知其一不知其二，目光短浅。因此，我们不愿意被人说成摸象的"盲人"。但就人的认识能力和现状看，不承认自己是"盲人"，不承认自己只是"盲人摸象"，这实在是自欺欺人；实事求是，我们需要正视和接受自己的"盲者"角色。

苏格拉底无疑是最伟大的导师之一。据说，为验证神谕"苏格拉底是世界上最智慧的人"的真实性，他到处去和"有智慧的人"交流讨论。他发现，这些智慧的人只是了解自己所处的领域，比如政治家只关心政治、诗人只会写诗、能工巧匠只会修砌房屋……而对其他的领域则毫不知情，同时他们还不愿意承认自己无知："他们在有些地方假装有知识，实际上一无所知。"慢慢地，苏格拉底意识到神谕是正确的，因为他能正确地认清自己，能够承认自己的无知："我除了知道自己无知外什么都不知道。"从这种意义上，知道自己无知才是最智慧的人，一个真实有知的人首先在于知道自己无知并致力于求知。德国哲学家海德格尔说："日常理智当然认为，有知的人就不需要学习了，因为他已经学成了。差矣! 所谓有知的人是那种领会到他必须总是不断地学习，并且在这种领会的基础上首先是自己进入那种能够不断地学习的境界的人。这比拥有知识难得多。"

认同和接纳"盲者"角色，并非只是对先贤的敬仰和追随，而是对自身有限与缺陷的自觉：第一，"吾生而有涯"，人生是短暂而有限的，人生没有充分认识和理解世界的时间；第二，人的认识能力（无论是感性观察，还是理性思考和抽象的能力）都是有限的；第三，每一个体的信息来源是有限的，我们无法占有关于世界、人和社会的充分的信息；第四，人的语言表达也是有限的，你无法完整说明你体会和领悟的这个世界。正是因为这种种局限，恩格斯才说："一个事物的概念和它的现实，就像两条渐近线一样，一齐向前延伸，彼此不断接近，但是永远不会相交。""概念和现象的统一是一个本质上无止境的过程。"这样，我们就要承认，尽管我们在做着"摸象"的努力，但我们终究难以完整地理解"象"，难以准确地表达"象"。犹如寓言中的"盲人"，我们只能说："象如什么""象跟什么差不多"，很难说出"象是什么"。

就教师而言，要触摸的"象"是我们要接触和影响的学生，是我们要做的教育实践，要探究和遵循的教育规律。教育系统在要素、结构、过程、功能、目的、方法和结果等方方面面都具有复杂性和多重选择性，基于教育的复杂性，观察和研究教育，一方面，我们需要全局的眼光，整体的方法，避免"盲人摸象"；另一方面，我们要意识到在教育的"象"面前，我们终究还是"盲者"，需要对教育保持敬畏，以终身学习适应教学实践的复杂与变革，正如人民教育家于漪老师所言，要"一辈子做教师，一辈子学做教师"。

英国哲学家罗素说："一个经常看到毛毛细雨的小孩和一个只见过热带倾盆大雨的小孩，对于同一个'雨'的意义会有不同的理解。一个近视眼的小孩和一个远视眼的小孩对于同一个'床'字也会有不同的意象。"人人都可能是"盲者"。想明白了这一点，对于学生，一方面，我们要接受其短视、片面、感性等局限，对他们成长中的尝试、犹豫、反复、失误等充分理解；另一方面，对于学生出乎意料的意见，我们不能用既有意见去轻易否定和压制，要有"问题可能出在我们身上""可能是自己错了"的反思。同时，教师也要有培养学生更全面认识理解事物的意识和方法，培养学生的长程视野（看远一些）和多个角度（看宽一些）看问题，以及更加开放的学习态度。

认识事物既要"观"也要"察"

"观"是什么？龚鹏程认为："观如鹤鸟飞在天上，足见天地之大，品汇之众。"可见，"观"的时候一方面需要与观察对象保持一定距离，有了距离，学会脱身才可能观察，"身在庐山"很难认识"庐山真面目"。"观"的任务是广泛占有观察对象的信息。避免片面的认识，获得"象"的更完整认识，需要我们"摸"象的范围更广、更大，以获得更充分、更全面的感知材料。"察"是什么？孔夫子说："众恶之，必察焉；众好之，必察焉。"是说"大家都讨厌的，我要详察；大家都夸奖的，我也要详察。"这种详察是透过表面现象的仔细考察。"察"一方面需要仔细看，另一方面"察"字以"示"为底，"示"通神灵，需要心灵感悟和体察。观察不只是用眼睛看、用耳朵听、用身体接触、用鼻子闻，而且要用心灵感悟和体验，用头脑思考和判断，要对所观察的事物进行深入细致的研究。

北宋苏轼在《前赤壁赋》中说："盖将自其变者而观之，则天地曾不能以一瞬；自其不变者而观之，则物与我皆无尽也。"人的观察都会基于和利用过去的认知经验，总是戴着自己的"眼镜"。不同的人依据的信息以及解读信息的经验不同，所戴的"眼镜"并不一样。鲁迅先生说对一部《红楼梦》："经学家看见《易》，道学家看见淫，才子看见缠绵，革命家看见排满，流言家看见宫闱秘事……"在《盲人摸象》的故事中，"触尾者言象如绳"，形成这样判断的盲人运用了自己已有的"绳经验"（即"这种细长的软软的东西像绳"），然后对所摸的"尾"（"象"的部分）做出了解读。这种认知方式反映了人的基本认知过程：通过感性活动获得认识对象的刺激信息（通过"触尾"获得"象"的刺激信息）；基于原有经验和概念，借助知性对感性获得的信息进行思考和考察；通过理性的推理将相关对象用恰当的方式联系起来（比如，认为"象如绳"中的"如"）理解与表达。

用区分方法认识事物

归类和区分是人们观察事物的常用方式。区分是在相同中发现差异，做出区别。区分可以帮助我们发现事物的各种细节、各种可能，从而更深入、更细微地研究事物，并就相应的实践提高针对性和实效性。以课堂观察为例，笔者做出了以下区分，"一把钥匙开一把锁"，根据不同的目的思考不同对象，选用不同工具、手段和方法。

一是基于调查的调研性观察。参与观察者为教学管理者或教学研究者，被观察者或是特定区域、特定学校的教师，或者是某一类教师，比如新教师、骨干教师等。 调查研究的目的在于了解课堂教学的现状，找寻课堂教学改革的方向和趋势。 调查研究的课堂观察，可能和授课教师交流，也可能不做交流，只要对区域、学校或某一类教师的课堂教学能做出总体研判。

二是基于评判的鉴定性观察。这一类观察主要用于课堂教学比赛，参与观察者主要是评委，评委需要用一个公正客观的标准区分参赛者哪些可以得一等奖，哪些可以得二等奖。 一般情况下，评委不用也不会对每一位老师的课进行讨论或者指导。 还有一种情况是在平时教研活动中，有的学校和组织者要求观察者说出"两条优点、两条缺点"，这种要说优劣的课堂观察总体还是评价性的。

三是基于磨砺性质的磨课。大致可以有这样几种可能：或者是学校、区域有教师要参加优质课比赛，要找同伴或更高水平的老师来对参赛教师（或者是他要上的课）观察打磨；或者是重点针对某一对象的观察和培养，比如培养骨干教师、名优教师；或者是一个研究团队对某一教学内容的反复打磨，比如现在时兴的"课例研究"。 磨课的对象是具体的人也好，具体的课也好，主要目的都在于打磨精品，具有多中求一（多位参与者共同打磨一节精品课）的特点。

四是基于教学研究的议课。它是参与者以课堂教学活动为依据，围绕共同关心的教学问题和有价值的课堂现象进行对话交流，以发现和理解教学，改善和创新课堂，并促进教师专业成长的一种研修活动。 观课议课的主要目的既在课的改进，更在于课堂上的教师专业发展，是借助课堂观察发展教师，通过教师发展实现课程变革和教学改进。 观课议课主要适用于日常教师研修，日常生活性、普遍参与性、平等探讨性，这既是观课议课的主要特点，又是它单独存有的意义和价值所在。

笔者经过实践观察和理性审视，对课堂观察做出如下区分，在实践基础上，于 2006 年 4 月，在第 7 期的《人民教育》发表《探寻一个敞亮的教学视界——记一次现场议课活动》，并和记者余慧娟老师对话《为了教师的批判精神——关于"观课议课文化"的对话》。 两篇文章的刊发使观课议课进入教育工作者视野，引起了教育实践者的广泛关注和积极响应。 2009 年 9 期的《人民教育》回顾"创刊 60 年报道过的'最有影响力的事件'"（共 33 件），刊发该文的事件名列其中；2021 年 1 月 7 日的《中国教师报》列举了 16 个"课改 20 年，那些影响教学改进的概念"，观课议课榜上有名。 这可以说是用区分的方法研究教育现象，推动教研变革的一个典型案例。

建构和运用认识事物的"大概念"

认识事物的另外一种方式是归类。 归类首先要分类，分类是在差异中发现相似性、共同性，分类是认识纷繁复杂的世界的一种工具，它可以使大量繁杂的事物和材料条理化、系统化，可以发现和揭示事物发展的普遍规律，并为人们观察事物提供经验和"眼镜"。 在盲人摸象的故事中，如果参与摸象的盲人有动物、植物、物品，以及动物中有飞禽、走兽、鱼类等分类意识，具有"象是一种走兽"的相关经验，就会意识到"动物大多有头有脚有尾巴"，摸到"绳子"一样的东西以后就可能和"尾巴"建立起关系，就可能做出理性的推断和表达："象的尾巴像绳子"。 分类和归类需要借助上位概念。 上位概念是处于更高层次，因而能够连接下位概念且在更大范围内具有普遍适用的解释力的概念，这样的上位概念表现为有组织、有结构的知识和模型，它能为学习者提供一个认知框架和结构。 比如，对象而言，走兽、动物都是上位的概念。

建立和运用上位概念是有效教学的一种策略。 在前述关于寓言的教学讨论中，教结构的建议就是上位概念教学策略的运用：对某一具体寓言而言，寓言是上位概念，借助"寓言是寄寓着人生道理的故事"的概念，教学可以有先学故事后讨论其中的人生道理的结构；针对某一具体故事而言，故事又是上位概念，借助"故事的要素包括时间、地点、人物和事件，事件有起因、过程和结果"的认知理解，教学具体的故事可以从上述六个要素入手和分析。 由上述盲人摸象的案例，可以看出上位概念对学生认识理解事物的意义和价值，从这种意义上，建立和运用上位概念既是有效教学的策略，也是教育教学的重要任务和目标。

上位概念的一种新近表达是"大概念"。 李松林教授在《以大概念为核心的整合性教学》一文中解读："大概念同时具有认识论、方法论和价值论三重意义。 从认识论上看，大概念是在事实和经验基础上，对概念之间关系的抽象概括，是从事实、经验和概念中简明扼要地抽取和总括出来的共同本质特征，因而常常是一门学科中处于更高层次的上位概念、居于中心地位的核心概念和藏于更深层次的本质概念。 从方法论上看，大概念如同一个'认知文件夹'，为人们认识事物和建构知识提供一个认知框架或结构。 借助这个认知框架或结构，人们不仅能够沟通各个事实、经验、事物、概念之间的内在联系，而且能够在一个连续的整体中去理解各个事实、经验、事物和概念的意义。 从价值论上看，大概念不仅对各种具体的事实、经验、事物和概念具有连接与整合作用，而且能促进学习者的持久记忆、深度理解和广泛迁移；不仅对事物的理解、知识的建构与迁移具有重要价值，而且它本身还可能蕴含着人们对于自我、自然和社会的价值观念。"

笔者曾经执教中学地理，以地理学科为例，笔者找到了这样一些"大概念"：人类生存的空间主要在生物圈，地理要研究人地关系，人类活动目标在于人和生物圈的可持续发展，地理环境具有整体性和差异性，生物圈的地理要素相互关联与制约……这样的"大概念"不仅有利于认识和组织地理教学活动，而且超越地理学科，对人生具有意义和价值，具有发生和提升核心素养的作用。

教学要教学"生"

建立教育的"大概念"需要对教育的一些根本问题进行追问。 比如，基于核心素养培养，可以进一步追问："为什么要培养核心素养？"这就可能找到"为了人的全面发展"；再进一步追问："为什么要有人的全面发展？"我们可能找到"全面发展的人能更好地适应未来的生存和生活"。 这样就需要进一步回答"什么样的人生最值得过""未来社会需要什么样的公民"等问题。 最终，要回答的就是"什么是学生""怎么理解和培养学生"的核心问题。 对这样一个根本的问题的追问，就是在建构自己的教育哲学。

随着新的科学研究的不断出现，技术的日新月异，人们对生活和教育的要求也不断提高，"变将是唯一的不变"。 对于变化，一方面需要穷则思变，见贤思齐以及为追寻理想美好的教育而变；另一方面，在种种的变中，思考教育有没有不变的东西。

几年前的一个论坛上，北京师范大学教授林崇德转述中国台湾地区高震东校长的话，"学生学'生'，学习生存，学习生活"，这让笔者开始重新审视教育，让自己发现了教育原点——学生。

从对学生的理解看，狭义的学生是在学校里，在成人、同伴的帮助或影响下，学习生存的本领，获得生活的智慧，体验生命的意义、价值和尊严的人。学生到学校里干什么？不是学"考"，而是学"生"。这是学生去学校的意义和责任。这也是教育和教师的使命，它是教育人的共同目标和方向，各阶段各学科的师生应该为此齐心协力。由此审视我们的学科教学，语文教师不仅定位于教语文，更应定位于用语文教学"生"。这样的理解和坚守，可以真正帮助我们从学科教学走向学科教育。

基于教学"生"的理解，在教学中不仅需要考虑教学目标，还需要思考和审视这些目标的教学意义——对于学"生"的意义。基于教学"生"的教学设计，就需要挖掘和利用有利于学生生存、生活、生命的内容，教给学生一生有用的东西，让学习成为学生的一种内在召唤。基于这样的思考，教学设计在确定教学目标后，要再问一问：这样的教学目标对学生生存、生活、生命的意义是什么？如果我们能找出教学内容对学生的意义，我们就会满怀热情和期盼地走进教室——因为找到了这一课的教学意义，找到了劳动的价值；相应地，如果学生理解了所学内容对他们人生的意义和价值，他们就会怀有学习期盼，在学习过程中就会积极努力地学。

学"生"意味学生要学习"生长"，教育意味着教学生"生长"，促进学生生长。与工业的"塑造"隐喻相比，我们更倾向于农业促进"生长"的隐喻：教育面对的学生是有生命、有生长力的生命体，教育实现的方式是促进学生生长，让学生自己去生长。做教师的，要相信孩子内心潜藏着真、善、美的种子，理解教育的任务就是让这样的种子生根、发芽、开花和结果，使学生生命中的美好可能性得以展现。生长自有其节律，教育不能急于求成、不能揠苗助长。当然，促进生长的教育也不是任其自然，而是需要创造和提供生长的条件，防止"病虫"对学生的侵害。促进生长的同时还要教生长的方法，引导学生学会生长、学习成才。

促进学生生长的条件需要有一定的"生疏感""陌生感"。 教育家苏霍姆林斯基认为："无论如何不要让学生感到一切都轻而易举，不知道什么叫作困难。"教学内容需要让学生保有一定的陌生感和新异性，教学活动需要对学生当下的水平和能力形成挑战性。 具有适当的挑战性的学习任务才有趣味、才会对学生产生吸引力，而适度紧张的智力活动为发展和改变提供基础，完成挑战性任务更有利于促进发展，给学生"跳一跳才能摘到的桃子"，摘桃子的跳的过程将锻炼和提升学生跳的能力。 完成有挑战性、生疏感的学习任务，认识、理解了新的现象，形成和发展新的能力，心灵得到了充实和丰富，学生有了获得感和成长感后，他们才会有继续学习、继续生长的愿望和热情。

增加对教育理论的关注

因为大概念具有观察、思考和整理教育认知的框架作用，可以使我们在纷繁复杂的教育现象、意见面前"我心有主"。 在相关学习和思考中，就需要对这样的大概念予以关注，大概念经具体事物和现象抽象获得，具有一定的理性特征。 关注大概念意味着对理论学习的重视。

笔者曾经观察一次教师培训，研究"变式教学"的老师在讲座中举例，可以用"一只青蛙一张嘴，两只眼睛四条腿；两只青蛙＿＿＿＿张嘴，＿＿＿＿只眼睛＿＿＿＿条腿；三只青蛙＿＿＿＿张嘴，＿＿＿＿只眼睛＿＿＿＿条腿；……n 只青蛙＿＿＿＿张嘴，＿＿＿＿只眼睛＿＿＿＿条腿"引入"字母代数"概念。 课间休息，听课老师要求：变式教学的原理和规律可以不讲了，你能不能多讲这样的例子。 在参加教研活动时，你也会发现，听课时济济一堂，授课教师介绍教学设计时人去座空，学习者的关注点大多在具体的例子和操作方法上。

例子和方法似乎可以拿来就用，但美国心理学家库尔特·勒温说："没有比最高明的理论更适于运用的。"我们要知道，学做法只是模仿，有可能成为技术熟练者；而只有理解了做法背后的理念和思想，才可能成为创造性实践者。 人们常说："教学有法，教无定法。"在"有法"和"无法"之间或许可以再添一句"教有良法"。 我们理解："有法"之"法"指教学有规律可以遵循，"定法"之

"法"指针对所有具体教学情境的固定方法，"良法"之"法"是教育规律、原理运用于具体教学情境时的相对最佳方法，获得"良法"离不开理论和思想的指导。庖丁解牛的境界是由技达道，运用之妙，存乎一心。

罗斯福夫人有一句广为流传的格言："伟大的头脑讨论理念，平凡的头脑讨论事情，狭小的头脑则只讨论人。"观察实践，我们可以发现，专业发展程度越高的教师，对理论学习的追求越强烈，其发展和成就也越可观。

教育需要积极分享和鼓励表达

在《盲人摸象》的故事中，盲人们分别说的"象原来像一堵墙""象跟又圆又光滑的棍子一样""象跟柱子差不多""象跟绳子一个样"或许片面，但这毕竟是他们各自真切的感受和体验。真诚地分享和表达，是共建出象的真相的一个条件，汇聚起大家的共识，就有可能得到一头大象的全貌。

《列子·杨朱》中有"野人献曝"的故事："昔宋国有田夫，常衣缊黂，仅以过冬。暨春东作，自曝于日，不知天下之有广厦隩室，绵纩狐貉。顾谓其妻曰：'负日之暄，人莫知者，以献吾君，将有重赏。'"说宋国一个农夫自己穿得破破烂烂，勉勉强强地能够度过寒冬。来年春天耕种，借助晒太阳取暖，因为不晓得其他人有高屋暖房、丝棉绸缎、狐皮貉裘可以御寒，就回头对妻子说："背对太阳晒一晒，暖和极了。别人都不知道，我去告诉君主，一定能得到厚重的奖赏。"一般来说，大多数的寓言都存有讽喻之意，"野人献曝"也不例外。但换一个角度思考：他有自己的发现，真诚地分享出来，说不定能对天下有贡献、对改善自己生活有帮助，这何尝不是一种改善和贡献的行为？我们可以笑其无知，但也还应该赞其分享之善。这个世界总需要发现，每个人的发现可能正确，也可能不正确，分享出来，就可能推动对这个世界的认识和理解。

笔者曾经到一所学校考察，校长说："我们学校就踏踏实实做事，没有想过做什么宣传。"我和他讨论："踏踏实实做事，这很值得我们学习。但如果做法的确很好，能够对别人提供帮助，达则兼济天下，分享出来是不是会让贡献更大？"据《墨子·鲁问》记载，鲁国有一个名叫吴虑的，冬天制陶、夏天耕种，而且自比尧舜，墨子知道后前去访问。墨子问："籍设而天下不知耕，教人耕，与不教人耕而独耕者，其功孰多？"吴虑承认："教人耕者，其功多。"因为"教人耕者，其功多"，墨子不仅"述而且作"，而且主张要"行说人"。 教师可以说是"教人耕者"，优秀的教师不仅自己要努力教好学生，而且要注意总结经验，勇敢地分享自己的成功经验和失败教训。

写作是教师的一种分享途径和方式，笔者以为，教师的专业写作具有以下的意义和价值。

一是可以梳理和砥砺自己的思想。法国启蒙思想家帕斯卡尔说"人是一根能思想的苇草""我们要努力好好地思想；这就是道德的原则"。 写作是梳理和砥砺自己思想的一种途径，它可以促进我们的思想。 一方面，写作（不仅是书面写作，讲述、交流实际上具有同样的价值）是将内心的想法转化为外显的语词，写作的过程既是思想条理化、深刻化、系统化的过程，也是表达规范化和精致化的过程。 另一方面，写作将缄默知识显化，使个体的思想成为可以传递和分享、讨论和批评的公共知识，公共知识在传递和讨论过程中可以生长、改造，变得更加丰富、成熟。

二是可以反思和变革自己的教育实践。教师对于其专业活动的认识、理解和信念，主要不是从外部"获得"的，而是从内部"建构"的，建构是通过不同的反思形式实现的，写作就是这样的反思。 通过对自身教育实践的反思，教师可以对自己、自己专业活动乃至相关的事物有更深入的认识和理解，更好地实现自身的专业发展。

三是可以交流和传播自己的经验与教训。教育实践的改善和教育科学的繁荣都需要一线教师的成功案例与经验，教师应该主动地总结和传播自己的成功经验。 孟子说："穷则独善其身，达则兼济天下。"好东西是应该贡献出来大家分享，把好东西贡献出来让更多人受益，这是教师职业本身的一种特质。

教师可以分享自己成功的经验，也可以分享失败的教训。 失败教训就像在大海的暗礁处的"航标"，可以让后来者重视、警惕，避而绕之。 可以说，人人都想展示自己的美好、不愿暴露自己的失败，从这种意义上，分享失败的教训，更需要教师对教育的热爱、关爱他人的友善，以及接纳完整自我的勇气。

四是可以留存和记录自己生命的痕迹。写作是陈述各种已发生或正在发生的事情，它是写作者将各种经验组织成有现实意义的故事的基本方式，基于教师生活的写作具有一定的叙事性。 美国作家纳塔莉·戈德堡说："作家有两条命。 他们平时过着平常的日子。 在蔬菜杂货店里、过马路和早上更衣准备上班时，手脚都不比别人慢。 然而作家还有受过训练的另一部分，这一部分让他们得以再活一次。 那就是坐下来，再次审视自己的生命，复习一遍，端详生命的肌理和细节。"基于教师生命叙事的专业写作更为深刻的意义在于审视自己的生命，让自己再活一遍，为自己的生命留下"痕迹"，这种"痕迹"具有"立言"的性质和"不朽"的可能。

教师不仅自己要勇敢和积极分享，而且要鼓励、支持学生勇敢地交流和表达。 要支持他们表达自己不同、稚嫩、不完美的想法，以及他们对自己及其他人的批评。 教师鼓励和支持学生表达，这可能对学生一生产生影响。 以笔者自身经历为例。

1978 年 9 月，在四川省中江县永兴中学读高二的我，看到学校公告栏贴着数学老师廖声堂老师做出的当年的数学高考解答。 尽管并不全懂，但我还是发现一个地方有笔误，一个应该是"±2"的答案写成了"2"。 怎么办呢？ 廖老师没有教过我们，而且又是全校师生公认的数学教学权威……想过一阵，初生牛犊不怕虎，我给廖老师说了自己的发现。 廖老师查看过以后，把"2"改成了"±2"。 高中学习阶段，廖老师一直没有教我，但从此以后他开始关心我，这种关心从高中到中师，一直延续到工作以后。 廖老师对质疑的鼓励让我知道，有根据地质疑和批评不仅不会吃亏，而且可能得到真诚的关心和帮助。 如果笔者始终存有质疑和批判的热情，并有所进步和发现，这得益于廖声堂老师对质疑的鼓励。

以平等开放的方式进行有建构的对话

与《大涅槃经》里的盲人摸象比较，《长阿含经》和小学课文中增加了盲人固执己见、相互争执的情节。 人总是更愿意相信自己的感觉经验，在有了感觉经验后，就可能听不进他人的意见，就可能和不同意见的人争执，《长阿含经》和小学课文的补充揭示了人性的弱点。

笔者以为，问题不是出在"象的尾巴像绳子"的认知（因为人人都可能是

"盲者"），也不是出在"象的尾巴像绳子"的分享，而是出在缺乏开放性对话，出在对他人意见的断然否定："你们俩说得都不对。""你们都错了！"以及为此而来的争执与讨论方式。一个人的认知难免出错，人人都是"盲人"，要了解"象"，这就需要参考和借鉴他人的经验，就需要彼此的对话。有质量的对话交流可以纠正我们的偏见、改善我们的认知。从这种意义上，交流是必要的，而有效的交流方式又决定了分享交流的成效。

对话的理想是达成共识，一方面，人的共同生活需要一定的共识和共同规则；另一方面，因为人的处境、个体生存发展历史、价值取向和变化等都可能不同，人和人之间差异无处不在。达成共识和彼此存在的差异，使对话成了人类生活的基本需求。

《荀子·正名篇》要求："以仁心说，以学心听，以公心辨。"这是对话规范的要求。在观课议课实践中，我们主张"以学心听，以仁心说，以益心辨"，以此提出的对话要求包括以下几点。

对话者要有民主平等的姿态。彼此之间如果不平等，对话就会变成训育。平等意味着尊重对方的话语权，意味着重视对方的意见、倾听别人的意见。笔者多年来致力推动观课议课，从评课到议课，是从自以为是走向对话交流，在议课的对话交流中，既要克服参与者消极接受评判和批判的心态，防止自我省略与自我删除。又要防止采取高傲的、拒人于千里之外的非合作态度，唯我独尊。要自信而不封闭，虚心而不盲从。事实上，当一个人不愿意听别人说的时候，别人也就不想听他说；而当自己什么也不敢说的时候，别人也就不屑于同他说。

对话者要有心态开放的意识。《论语·子罕》中说："子四绝：毋意，毋必，毋固，毋我。"观课意义的对话要努力做到以下四个避免：一是避免以主观意愿妄断客观现实，要分清楚意见、现象和事实，以事实为依据；二是要避免绝对主义，要看到事物的复杂性和多样性；三是要避免固守成规抱残守缺，要学会变通，要知道时过境迁；四是要避免固守在自己的立场，要运用逻辑力量和方法对事实进行分析和表达。

对话的一个重要策略是不轻易用句号，而是多用问号。以议课为例，教学活动具有无限丰富性和多种选择性，在复杂的课堂教学活动面前，应该抱有"我们未必了解别人""我们未必正确""即使我们正确，正确的方法也未必只有一种"的谦逊。 因为未必了解情况，所以不能简单下结论，而是需要询问，需要倾听，少用句号，多用问号。 因为未必正确，自己不可能完全从逻辑上把握、规定和制约教学活动，所以对话和交流时不能强加和压制。 因为正确的方法未必只有一种，所以需要容忍多样性、鼓励多样性、探讨多样性。 即便是给别人以有效的教学方法，也只能采用非独断性、非强制性的指示和指引。

要建立和遵守基本对话规则。没有倾听就没有对话，对话实践中常见的现象是不等对方把话讲完就打断对方。 遇到滔滔不绝的交流者怎么办？ 这就需要一定的对话规则，比如要听人说完不要打断，表达时要言简意赅，给别人机会，严格执行时间规定……遵守规则，我们可以提醒对方；有意不遵守规则意味着不想对话，对于不想对话的人我们就没有必要与其对话。

看过这样的故事：一位小和尚向长老请教"什么是快乐的秘诀"，长老回答"不要和愚者争论"，小和尚说"我完全不同意这就是快乐的秘诀"，长老的回应是"是的，你是对的"。 对话鼓励表达不同的批评和反对意见，但批评和反对最好不用绝对的口吻，诺贝尔奖获得者、物理学家博尔认为："与真命题相反的是假命题，但是与一个深刻真理相对立的，可能是另一个深刻的命题。"

要尝试用彼此的视角来回看看。曾经听一位朋友问："对事物的看法要多角度多层面，比如'由'和'甲'，你看是'由'，我看是'甲'。 这如何对话和交流呢？"笔者的意见是：（1）要表达自己的观点和想法，让对方知道自己的观点和想法。 比如告诉对方"我认为这是'由'"或者"我认为这是'甲'"。 从而使彼此意识到差异，有交流对话的必要和价值。（2）要从自己的位置走出来，学会站在对方的角度理解对方的观点和看法，比如发现对方把"由"看成"甲"的原因与合理性，也发现自己的合理处和局限，这可以帮助我们发现多样性、理解复杂性。（3）要跳出原有立场，摆脱立场局限，从彼此的"极地"向中间的"赤道"靠近。 比如摆脱"由"和"甲"的争执，面向事实本身去观察这个字的语境，达成在"由于时间很短"的语境中应该认"由"，在"甲乙丙丁"的语境中认"甲"的共识。

需要注意的是，能达成共识最好，如果不能达成共识，我们要接纳不能达成共识的结果。 加纳裔美国哲学家夸梅·安东尼·阿皮亚认为："对话未必会让人们在具体的伦理问题上全部达成共识；对话的作用并不完全在于让人们达成共识，很大程度上在于让人们习惯于与自己不同的观点的存在。"《礼记·中庸》说："万物并育而不相害。道并行而不相悖。"一方面，我们要努力接纳多样性、包容多样性；另一方面，我们也不能唤醒一个装睡的人。

（陈大伟）

《坐井观天》的教学与教师的出"井"

孙悟空如果早就知道绝对跳不出如来佛的手掌心，在如来佛鼓动"你努力跳呀"时，会努力跳吗？恐怕不会。同样的道理，如果学生已经习惯了老师最后会出示标准答案，他们也会选择等待，等待老师的答案。

假如学生是"青蛙"，教师就是一只"小鸟"，教师要让学生发现更广大的天地、发现不一样的生活和更值得过的生活，让学生自己跳出原有的"井"，改善自己的生活，追求值得追求的生活。

对于教育之难、促进人的改变之难，我们需要有充分的思想准备，不能奢望一举成功，一劳永逸，教育者需要耐心，需要有反复的准备，甚至要有可能劳而无功的准备。

《坐井观天》最早见于《庄子·秋水》，寓言故事中的对话者为"坎井之蛙"和"东海之鳖"。 故事的结果是听过"东海之鳖"对大海的描述后，"坎井之蛙闻之，适适然惊，规规然自失也"。

在小学课文里，《坐井观天》的故事有了这样的改编。

> 青蛙坐在井里。小鸟飞来了，落在井沿上。
>
> 青蛙问小鸟："你从哪儿来呀？"小鸟回答说："我从天上来，飞了一百多里，口渴了，下来找点儿水喝。"
>
> 青蛙说："朋友，别说大话了！天不过井口那么大，还用飞那么远吗？"
>
> 小鸟说："你弄错了。天无边无际，大得很哪！"
>
> 青蛙笑了，说："朋友，我天天坐在井里，一抬头就能看见天。我不会弄错的。"
>
> 小鸟也笑了，说："朋友，你是弄错了。不信，你跳出井来看一看吧。"

读书是为了读自己，读出对自己的意义。 这里主要讨论相关的教学案例与教师专业成长。

从《坐井观天》教学中看教学敏感、开放与理解

就《坐井观天》，笔者观察和听说过这样几个教学故事，可以帮助我们反思

相关的教学问题。

教师要修炼自己的教学敏感。 有一位教师在课堂教学结束时，问同学们："请大家想想看，青蛙跳出井口会发生什么？"先后有两位同学说"看到了蓝蓝的天，发现外面很美""找到了小鱼和小虾等好朋友"，这时，一位从农村转学到城里的同学举手了，这位同学因为不太适应城市教育，一直不敢参与，这一次，授课教师把机会给了他。他站起来说："青蛙走了几步，又跳回了井里。"全班同学哄堂大笑，在同学们的笑声中，授课教师不由自主地说："我看你真是井底之蛙。"

下课后，上课教师在这位学生作业本上看到了这样的文字："青蛙跳出井口，走了几步，闻到一股刺鼻的农药味，看见河里飘着几只死青蛙；又走了几步，听到一声凄厉的惨叫，发现一位农夫叉住了一只老青蛙。它想，还是井里安全，于是又跳回了井里。"老师对自己在课堂上的行为感到后悔，于是在本子上工工整整地写上："对不起，课堂上老师的表现才像井底之蛙。"

从这个故事中，我们体会到好教师应该具有教育敏感。对于学生出乎意料的回答和表现，教师应该有发现问题的敏感："学生这样回答，会是什么原因？"如果不了解原因，就不要轻易评判，以为别人愚笨，把别人看成"井底之蛙"。另外，要想一想"学生这样回答，背后会有什么考虑"，这样去思考一下，不仅可以发现这位同学熟悉农村生活，关心环境变化；而且可能意识到，这位同学说的不是青蛙而是他自己，从农村到城市，他有很多不适应，感觉到不安全。意识到这一点，授课教师可以和这位同学聊聊，对这位同学多一些关心。

教育敏感是对周遭的教育事务的敏锐感觉、感知、感受和感悟，其对象包括教育资源、教育对象、教育环境、教育契机以及自身的教育活动、专业成长等。教育敏感性强的教师善于抓住教育契机，从而通过机智的反应来优化教育氛围，提高教学效率，实现育人功能；而教育敏感能力弱的教师则可能陷入困境，他们摸不透眼前学生的心思，自己的言行也不被学生理解和接纳，开展教学工作心有余而力不足。可以说，教育敏感是教师的一种专业素养，教师需要修炼教育敏感。

日本企业家稻盛和夫在《活法》中说："愿望强烈的程度，促使你睡也想、醒也想，一天 24 小时不断地思考，透彻地思考。从头顶到脚底，全身充满了这种愿望，如果从身上某处切开，流出来的不是血，而是这种'愿望'。"因为长期有这种强烈的愿望，所以在他身上有着突出的行业敏感，他说："由于我的愿望在潜意识中一直积蓄着，因此在恰当的时机下便会一下子触发。"将稻盛和夫的生活法则引申到教育，教师想要形成教育敏感，则需要积极地关注教育现象或教育问题。有教育敏感的教师总有这样一些愿望：我希望更加了解学生，我希望提高专业水平，我希望能更好地处理家校关系……有了这样的关切，更容易生出教育敏感。电影《地球上的星星》中，尼克老师遇到了有读写障碍的小男孩伊桑，与其他麻木的教师相比，他能觉察出伊桑在绘画上的天赋，敏感于伊桑孤独、悲伤、无助的情绪。当他眼含热泪地对女朋友说出"他（伊桑）的眼神在呼救，我很怕他会崩溃"时，尼克老师对这个小男孩的善意和爱淋漓尽致地表现了出来。这也成为他后续帮助伊桑发展个性、找回自我的一系列行为的动力。

教师对学生的敏感意味着感同身受。教师的敏感对象首先是学生，缺失对学生需要、学生困难、学生进步敏感的教师则可能麻木不仁。"麻木"则可能因为"不仁"，仁就是常说的仁爱之心、关爱之心。假若一位教师对于学生没有充沛的爱的责任与使命感，他就很难产生希望了解学生、提高专业水平、处理家校关系的愿望驱动力。自然，其教育敏感也就无从养成。

强烈的愿望本身会形成专注。德国哲学家尼采曾经说："为什么我知道的比他人多，我究竟为什么这样聪明？我从来没有想过那些不成其为问题的问题——我从未浪费过我的精力。"人生是有限的，人的精力也是有限的，人生充满了选择。什么东西都要是不可能的，同样，什么东西都想也是痴心妄想。你对这样东西敏感了，你对另外的东西则可能选择放弃，选择不关注。敏感需要放弃一些东西，不去关注不是问题的问题，不去关注价值不大的东西。敏感形成于专注，"专"是心无旁骛，"注"则是用心，是观察，是深入的研究和准备。有了专注，才会有"心在哪里，智慧就在哪里"。

"心在哪里，智慧就在哪里"，可以说，关注的愿望使教育敏感的修炼有了前提，但仅有关注的热情远远不够。苏轼诗中说："竹外桃花三两枝，春江水暖鸭先知。"为什么鸭子能够最先察觉到初春来临时的江水回暖？是因为鸭子长时间在水中，时间的积累让鸭子对水温变化产生了灵敏的感知。《增广贤文》中有"近水知鱼性，近山识鸟音"，意思是说，靠近水边的时间长了，就会了解鱼儿的习性；靠近山林的时间长了，就能识别林子里鸟儿的叫声。身临其境的长时间体验，是修炼敏感的一种途径。敏感的教师大多因为长期的切身体验，而对学生、对教育的资源变得敏感；才参加工作或者说没有教学经历的老师，就可能在敏感能力方面存在不足。

积累感受需要强调"有意注意"，时间上的充沛不一定能增强敏感性。有的教师从事教育职业许多年，每天都和学生打交道，但却对日常发生的教育问题和学生表现处于无意注意的阶段，难以形成敏捷的思考判断。有意注意包含着意识倾向，需要运用主体能动性关注教育情境中的各要素，这种状态使得长期的积累被赋予了更高价值，而不是无意识地、被动地经历时间的流动。有意注意帮助我们"近水"能"知鱼"，"近山"能"识鸟"，如果没有有意注意的发挥，即使是长期待在山水之中，很可能出现"近水"只看见水，"近山"只看见山的局面。

身处情境中并不意味着能觉察情境本身，很可能出现"不识庐山真面目"的情况。简单地说，鸭子可能体验到水温变化，但它不能得出春天来了、秋天来了的概念。从现象中发现问题需要觉察、觉悟。提升教育敏感要求教师及时觉察教育情境细节里传递出的消息，并在此基础上做出判断。教育敏感所表现出来的直觉感知和理解通常建立在对对象的快速认知基础之上，也许是学生不经意间说出的一句话，又或是一闪而过的眼神、下意识的细微动作，读懂这些细小之处蕴藏着的学生最真实的内心感受，是提升教育敏感的关键。比如，听课时学生微微皱起的眉头，可能是在提醒教师"这个题我没有听懂"；作文本里一两句对父母陪伴的期待，可能是在告诉教师，这个家庭中缺失密切的亲子关系。学生的愉悦、好奇、悲伤、焦虑、愤怒、失落、内疚的情绪通过他们的眼睛、嘴巴、手、脚等传递出来，这些正是做出敏感判断的依据。教育敏感度高的教师通过留意教育现场的各种"蛛丝马迹"，读懂隐藏其中的重要信息，诸如学生现在处于怎样的心情中，学习是否遇到了困难，又有哪些想说但开不了口的话。

教学要预设和生成并行不悖。有一位老师听过"青蛙跳回井里"的教学故事，以为让学生说出"青蛙跳回井里"的教学最为出彩。 轮到他上公开课，在提出"青蛙跳出井口会发生什么"的问题后，就期待着有同学能说出"最后，青蛙跳回了井里"。 结果，全班同学都理解了寓意，没有谁想到"青蛙会跳回井里"，同学们的青蛙"跳不回去"，老师只好自己"跳出来"："你们现在能在河里发现青蛙吗？ 现在外面的河流污染那么严重，青蛙在外面待着干什么？ 井水还比较安全，青蛙是要跳回井里的。"

这样的教学是缺乏开放的教学，老师预设了教案，并预定了学生的回答。教学变成了演教案剧，课堂上失去了生气，失去了活力，失去了创造。 好的教学课需要精心预设，要把教学的方方面面尽可能都考虑到，但精心的预设只是预备，走进教室不能固守教案，不能在允许多种可能性的情况下强调唯一答案，也就是要精心预设与灵活生成并行不悖。

强调教学的开放性，还因为现在是信息技术时代，多媒体几乎成了课堂教学的标配。 曾经观察过一节初中语文课，老师用幻灯片提出了一个讨论题目，组织学生分小组讨论，同学们讨论得十分认真。 在各小组汇报讨论的结论时，我们听到了精彩的见解和流利的表达。 汇报结束，幻灯片上显示的却是老师上课前预定的结论。 在同学们忙着抄写结论的时候。 一个同学发出了这样的嘟噜："早就有了答案，还要我们讨论干什么？"我们可以想象一下：多几次，这些学生还会积极参与讨论和回答问题吗？ 比如，孙悟空如果早就知道绝对跳不出如来佛的手掌心，在如来佛鼓动"你努力跳呀"时，孙悟空会努力跳吗？ 恐怕不会。 同样的道理，如果学生已经习惯了老师最后会出示标准答案，他们也会选择等待，等待老师的答案。 就此，笔者的意见是教师可以预设课程资源、学习活动，但不能预设学生参与学习活动的结论，学生参与学习活动的结论应该用更开放的方式处理。 比如，把黑板用起来，对学生有意义的回答，提要标示在黑板上，让学生知道他的意见是得到尊重受到重视的，同学们一起参与了知识的建构。 有的老师会问："如果学生说不到说不全怎么办？"这时教师可以说："同学们有这样一些发现，老师还有这样一些想法……"然后把自己的意见加进去，体现教师的课堂参与者角色，以及师生共同建构知识的教学过程。

教师要接纳不同生活经历带来的不同经验。有一位老师上《坐井观天》，组织同学们讨论："青蛙为什么会出现'天只有井口那么大'的错误？"课后，笔者和授课教师交流："说'天只有井口那么大'这应该不是青蛙的错误，因为这就是他的生活环境。 在小鸟多次强调'天大得很'，青蛙还是固执地坚持'我天天坐在井里，我不会错的'，不愿意跳出来看一看，这才是青蛙的问题。"

在庄子的《秋水》中，庄子借北海海神之口评价说："井里的青蛙，不可能跟它们谈论大海，是因为受到空间的限制；夏天的虫子，不可能跟它们谈论冰冻，是因为受到时间的限制；穷乡僻壤的人，不可能跟他们谈论大道，是因为其所受教育和教养的限制。"日本哲学家和辻哲郎也说："牧羊人与渔夫有不同的眼光看待自然，然后以不同的方式建立起想象的世界。"环境影响了见识，经历限定了经验，"青蛙"在"井中"，他看到的天就是"井口"那么大。 同样的道理，小孩的人生阅历不足，不同生存环境下的孩子有差异，我们不能将其看成缺点，更不是他们的错误，我们需要理解和接纳不同生活经历带来的不同经验。 从这种意义上，我们需要了解孩子的生活环境和生活经历，理解环境对他们的意义和影响，尊重和接纳他们当下看起来稚嫩的表现。

意识到自己生活在"井"里

"井"限制了"青蛙"的视野，"井"让"青蛙"的经验变得狭隘。 改造经验需要"青蛙"意识到生活中"井"的存在，从而跳出自己的"井"。 除了当下的环境，我们的"井"还有哪些呢？

在美国电影《自由作家》中，年轻的艾琳老师很想为改变学生做点什么，她想到了引导学生阅读，为此，她找到了教导主任玛格丽特和老教师布莱恩，希望得到他们的支持和指导。 在和他们的谈话中，我们可以发现他们身上的"井"。

玛格丽特一口回绝："要是我把这些书给你的这些孩子们，那我就再拿不回来了。如果我把这些书给他们，书就会被毁掉。你看看这是我们给他们的书，他们在上边写写画画，都被撕成什么样了？不，不能给书！"

在玛格丽特身上，对孩子的偏见成了她的"井"。 影片中的孩子确实顽劣，玛格丽特对这些孩子失去了信任，她认为这些学生不会读书，只会毁坏，她看不到变化，看不到新的可能，以为一直都会如此。 固执的偏见是玛格丽特的"井"，有可能是每一位教师教育生活的"井"。

布莱恩则说："在他们到来之前这是一所 A 级学校，看看现在，他们将这里弄成了什么样子？他们把这所高中变成了一个教养院。他们不想在这里，也本不应该属于这里，他们是被学区的'天才管理者们'逼迫来的学生。让他们和其他想读书的孩子享受同样的教育是一个错误。……所以，艾琳，你就别再自作聪明了，你不懂这些孩子，你的想法很荒谬。而且，你也没有任何资格认为这里的教师不愿意改变，他们也是需要在这里生存下去的。"

布莱恩固守在过去的时光中，总认为过去的日子更美好、过去的学生更爱学习，然后把今天的学生看得很糟糕，把问题推到学生身上，推到相关的政策上。 他只是抱怨而不求改变，看不到未来，并且对期望改变的同事冷嘲热讽。可以说，过去的好日子又成了布莱恩的"井"。

英国哲学家伯特兰·罗素说："一个人如果真的想过他可能过上的最好的生活，他就必须学会在批判他的邻人中被普遍接受的那些部落习俗和部落信念。"教师生活中，一方面我们要尽可能跳出自己的"井"；另一方面我们还要避免被别人带进"井"里。 美国的雷夫·艾斯奎斯在《第 56 号教室的奇迹》中提醒我们："不要与讨厌教学的人为友，他们就像是学校里的病毒，要尽量回避。"影片中的艾琳不愿意和这样的老师为伍！ 离开玛格丽特和布莱恩后，她看到了阳光下的学生，她选择相信他们，相信自己，跳出现有的"井"，开始了一个人的努力。 在她的引导下，这群孩子跳出了过去生活的"井"，他们开始阅读和写作，并在阅读与写作中发现了新的人生，开启了美好的生命改善。 从这种意义上，选择交往的同事对于我们的工作和修养都极为重要。

教师要选择和正直向上的朋友交往。有一种说法是，要了解一个人，你只要观察他的社交圈子就够了。《学记》说："独学而无友，则孤陋寡闻。"在工作和生活中，缺乏朋友之间的交流、切磋，就必然导致视野狭窄、见识短浅，要加强自身修养，需要寻找一帮志同道合的伙伴，相互砥砺，共同成长。

交朋友需要选择,《学记》说:"燕朋逆其师,燕辟废其学。"交往什么样的朋友呢? 孔子说:"益者三友,损者三友。 友直、友谅、友多闻,益矣;友便辟、友善柔、友便佞,损矣。"提醒我们要交益友,不要交损友。 可以这样说,如果你没有足够强大,不能对"讨厌教学的人"形成积极影响和带动,你就不要和他们为友,以免被他们"带到沟里去";另外,自己又一定不要成为讨厌教学的人,在一个积极向上的学校环境中,你讨厌教学别人会对你厌而远之,你就可能交不到朋友,成为孤独失意的人。

和朋友交往时要多交流有益成长的事。平日和朋友在一起,要多围绕品性的提高、学业的精进、工作的得失交流和讨论。《论语·卫灵公》中有这样的告诫:"群居终日,言不及义,好行小慧,难矣哉!"大家在一起,说着不该说的话,尽说一些无聊的话、让人丧气的话,不仅无助于自己的道德修养和专业成长,而且可能消磨自己的上进心。"义者,宜也。"基于成长进步的目的,朋友们交往,一种最适宜的话题就是彼此的努力和进步,形成比学赶帮的交往习惯。

教师还可以做一些育同事的工作。教师的工作是"育人"的,"人"在哪里? 我们需要培育"谁"? 我们认为:首先是要"育自己","爱自己,栽培自己",把自己栽培成材了,育学生才有基础,这就是"君子务本,本立而道生"。 其次是"育学生",教师需要更有成效地帮助学生获得生存的本领,生活的智慧,体验到生命的尊严、价值和意义。 在育自己、育学生方面有心得、有经验,"育人"的新使命就是"育同事"。"育同事"是与同事共育、共同成长,"赠人玫瑰手有余香";也与同事共建有利于生长的环境,在培育中共育。

我们相信:在一个长期共处并充满合作的同事关系中,他人的发展终将促进自己的发展,自己也将从他人的发展中受益。 这样,促进他人发展也就在促进自身发展,助人者自助,助人者得助。

寻找告诉"天比井大"的"小鸟"

在"小鸟"飞来之前,"青蛙"并没有意识到"天的大小"问题,认为自己天天看进口,不会出错,因此也不会引发对"天的大小"的审视与比较。"小鸟"带来了不一样的认识——"天无边无际"，这和"青蛙"的认识不一样，这可能引发出"青蛙"的比较和求索。从这种意义上，"青蛙跳出井口"需要"小鸟"。美国学者舒尔曼认为："没有其他人搭建的脚手架，没有其他人多样化的观点，没有其他人互补的视角，以及没有其他人充当积极的听众和诤友，从经验中学习几乎是不可能的。"在一定意义上，假如说学生是"青蛙"，教师就是一只"小鸟"，教师要让学生发现更广大的天地、发现不一样的生活和更值得过的生活，让学生自己跳出原有的"井"，改善自己的生活，追求值得追求的生活。

教师的专业成长就是"跳出自己的井"，从专业成长的角度，我们需要找到引发原有经验改造的"小鸟"。

用好书本的"小鸟"。 书的作者是处于不同时代、不同生活空间的个体，他们有不同的生活经验，有不同的看待和理解世界的方式，书本是他们呈现在读者面前的不同"小鸟"。读书就是将不同的"小鸟"引到自己身边。在《红楼梦》中，薛宝钗说："学问中便是正事。此刻于小事上用学问一提，那小事越发高一层了。不拿学问提着，便都流入市俗去了。"读书可以让人变得聪慧，读书可以提升境界，读书可以开阔格局。跳出原来的"井"，我们要用好书本的"小鸟"。

就教师专业成长的读书，笔者曾于 2004 年 2 月 5 日在《中国教育报》发表《心装教育享受读书快乐》：

听说有一位校长向我的老师请教："我看了书，老是记不住，您说我该怎么办？"

怎么读书？这恐怕是所有读书人都曾经或正在遇到的问题。

指导我读书的老师很多，近一年来，有两位老师都曾对我的读书进行教导。

见过四川省教育厅师范处周雪峰处长的人，都可能佩服他广博的知识、敏锐的思考、深刻的见解和酣畅淋漓的表达。作为领导和师长，周处长对我十分关心，他曾经很谦虚地对我说："我读的教育理论书籍不多，但我很喜欢读其他书，读其他书时，头脑中始终有'教育'两个字，就会感觉到读这些书对工作的帮助。"因此他希望我读一读社会的、政治的、经济的等方面的书籍。仔细品味他的话，我感觉它有很深刻的道理，所谓"不识庐山真面目，只缘身在此山中"，跳出教育看教育才能获得对教育的全面理解，这时的教育是一种"大教育"；另外，"天人和一""万物同理"，在相似中研究和获得规律性认识，有人把它叫作"归类研究"，这也是教育研究的一种基本方式。

成都教育学院严先元教授的严谨和与时俱进是我的榜样。他曾经就知识的"内储"和"外储"给我教导，就"内储"而言，我觉得自己不算愚笨，但"外储"的功夫和今后能够达到的境界我认为难以望严教授项背。想一想，其实只有"外储"功夫到家以后，读书和研究才能事半功倍。

通过读书提升改造实践的能力，主要有两种实现方式：一种是针对实践中的问题，定向搜集、定向读书，通过读书，向他人请教，向古人请教，在书籍的帮助下获得解决自己实践问题的方法，解决问题的过程就是提升改造实践能力的过程。另一种是非定向读书，海阔天空，兴之所至，这种读书要提升自己改造实践的能力，需要周雪峰处长的读书方法：头脑中始终装着"教育"两个字。

无论是定向读书，还是非定向读书，提升改造实践能力的关键都在于理论联系实际，头脑中有问题，头脑中有教育。同时，知识的价值在于运用，在于对实践的改造，知识转化为经济的意义不仅在于促进经济的发展，而且转化为经济和效益本身将使知识的价值得到证实，从而转化为对知识的新渴求。所以，我们需要促进知识的流动和转化，需要外化为行为和实践，在流动、转化和外化中实现知识的价值。

中小学语文教学越来越重视学生的阅读，阅读的目的在于积累，通过阅读，可以积累语言材料、情感体验、生活经验、文章样式。同样，我们读书也可以获得这些积累，这样，读书得到的东西将会更多。

回过头来看那位校长的困惑。我觉得，读一本书，如果老是想自己记住了什么，未必真正学会了读书；想一想，读书，促使我想了什么，对我的帮助是什么，尽管没有记住书中写的东西，但对自己的发展和进步有了实质性帮助，自己由此产生了变化，足矣。

把身边同事的批评看成"小鸟"。如果有同事对你的教学提出批评，你怎么看？ 如果你反唇相讥："你还不如我！""你来试试。"那同事的批评对你就不具发展意义。 如果你能意识到，不同于你原有经验的新经验、新信息是帮助你跳出"井口"的"小鸟"，你就会欢迎批评，珍视批评，用批评反思和改造自己。同时我们还主张，在和同事交往中，要善意、积极地对别人提出批评的意见，成为他人的"小鸟"，促进同事共同成长。

在德国电影《浪潮》中，主人公赖纳的改革实验出发点有问题，实际效果也越来越难以控制。 这时，同在学校任教的妻子安克告诉他："同事之间都在议论你。 他们对你的方式很有意见。"但赖纳执迷不悟，他对妻子说："我无所谓，他们总在议论我。"

在自己所带学生为了团队名利大打出手后，安克再次批评丈夫的教学：

"难以置信，这一切都是因为你。"

赖纳辩解："我没有让他们打对手。"

安克承认："你当然不会教他们这么做。"

赖纳反问："那你想说什么？"

安克点明问题实质："你是享受他们在课堂上的崇拜和瞩目。"

赖纳反问："作为教师，难道你不想受学生欢迎？你不想常被他们挂在嘴边？"

安克分析原因："我也想呀。但这不是问题的重点。问题是学生们在把你看作榜样时，你在利用这一点操纵他们，这背后是你的私心在作怪。你自己还没有发现吗？"

赖纳回避问题，反过来批评安克："你知道我是怎么想的吗？我认为你根本就是在嫉妒。是的，你在嫉妒。因为学生们不把你作为榜样，尽管你有硕士文凭。现在，就让我这个半吊子教师来教教你吧。"

安克很惊讶："你说自己是半吊子教师？"

赖纳说出自己一直以来的自卑："对。我知道你就是这么看我的。因为我拿的只是一个成人自考文凭，而且还是体育和政治学学位，你把它看得一文不值，是不是？"

安克很伤心："没有想到你竟然会这样看。"

赖纳控制不住，继续揭短伤害安克："没有想到我就是这样想的吧？我告诉你，尽管我这样，但至少我不用每个星期一要吃镇定药，不然就害怕得不敢到学校。"

安克受到伤害，失望之后，收拾东西准备离开这个家，赖纳试图挽留，安克说："你这段时间走火入魔，已经变成了一个混蛋。你别再来找我了。"说完摔门而去。

这是一个同事之间因为教学批评而引发矛盾的片段，借助这个片段，我们可以讨论面对同事的批评。就笔者看来，应对同事批评，需要在这样几个方面有所注意。

（1）要有自信。没有自信的人不容易听进别人的批评，越是没有自信的人越怕批评。所谓外强中干，就是因为中干，所以才要在外面装出强大的样子。真正内心强大的人虚怀若谷。应该说，影片中的赖纳就一直因为自己的学历低而没有自信，他渴望教学成功赢得尊重，渴望通过学生的拥戴来满足虚荣。由于自卑，他渴望通过变革改变自己。这时，他就很难听进别人的批评意见。

如何树立自信？《大学》开篇是："大学之道，在明明德。"《道德经》说："吾有三宝，持而保之。"殊途同归，大道合一，我们以为"大学之道，在明明德"这是基本的原则，"吾有三宝，持而保之"是原则的具体运用。审视和发展自己，"三宝"就是自己要"明"的"明德"。如何"明"呢？"持而保之"。也就是找到自我、找到自信。各位读者朋友，你们可以找一找自己的"三宝"，找到以后"持而保之"。

（2）要看到批评的价值，善意理解他人批评。小学有篇课文《"精彩极了"和"糟糕透了"》，讲的是小巴迪写出第一首诗，妈妈给予了充分的鼓励："多美的诗啊！精彩极了！"爸爸却不留情面："我看这首诗糟糕透了。难道世界上糟糕的诗还不够多吗？"长大以后，巴迪成了作家。他对此的感悟是："'精彩极了''糟糕透了'……它们像两股风不断地向我吹来。我谨慎地把握住我生活的小船，使它不被哪一股风刮倒。"生活需要肯定和激励，同时，人的发展和进步又离不开批评，健全的生活需要批评，健全的社会也欢迎批评。

（3）要诚实地承认自己和自己做的事情（特别是尝试性的变革实验）并不完美。人无完人，在看到"吾有三宝"这种自信的同时，也要看到"如切如磋，如琢如磨"这种修养和完善自身的必要性。特别是就教育变革而言，加拿大教育学者迈克尔·富兰在《变革的力量——透视教育改革》中说："在这个世界里，变革是一次走向未知的目的地的旅行。""教育变革的新问题是应该采取什么办法使教育系统成为一个学习型组织，善于对待变革，就像正常工作的一部分那样，并非与最新的政策有关，而是作为一种生活方式。"变革具有不确定性，会有很多内在的问题和困难，解决这些困难的途径是把学习作为一种生活方式，承认困难和问题，接纳自己的不完美，接受批评和建议，学会改变和成长。

（4）要直面事实本身，不要反唇相讥。赖纳没有善意理解妻子的批评，在情绪冲动的情况下避开对自身问题的讨论，转而对妻子反唇相讥："我不用每个星期一要吃镇定药，不然就害怕得不敢到学校。"用揭短和攻击别人的方式保护自己，这是在面对同事善意批评时最要不得的方法。这样的做法只能导致一个结果，那就是两败俱伤：妻子摔门而出，赖纳懊恼后悔。

（5）要及时弥补冲动带来的关系损害。美国电影《心灵捕手》中，数学家蓝波教授和心理咨询师西恩教授为是否为数学天才威尔做出人生决定意见相左，最后出现争执，也发展到互相揭短和攻击的地步，彼此不欢而散。怎么办？争执不久，蓝波就主动找到西恩："西恩教授，我……"西恩知道蓝波教授后面要道歉，赶紧打断说："蓝波教授，我也是……"相逢一笑，把手言欢，彼此释然。由此可以看出，如果改善彼此的关系，就要学会成为第一个开口道歉的人，同时还要学会宽容和理解他人的冲动。

珍视学生这只"小鸟"。教学是为学生的学服务的，以学论教是教学的基本要求，改进教学的最直接的"镜子"是学生，学生的出乎意料的表现就是我们的"小鸟"。曾经看过一位老师写的博文：

> 为什么你们不能乖乖的，为什么要明知故犯，为什么要把我的话当耳旁风，为什么我认认真真地在讲，而你却心不在焉，等下又问我刚讲过的东东，为什么会这样……

博文真实地诉说了大多数老师的苦恼和困难。让学生的表现成为"小鸟"，我们可以转变提问方式，比如：可以把"为什么要把我的话当耳旁风"的提问换成"我的话为什么会被他当成耳边风"的提问。这时，"我的话为什么会被他当成耳边风"就成了可以研究的问题，研究"我应该说什么话""如何说话别人更愿意听"就成了有价值的问题。研究这样的问题会引发我们的改变，帮助我们跳出原有的"井"。

听取学生的不同意见，有助于实践教学相长。对教学相长，我们可以说教的过程、教的实践与学的过程、学的实践相互促进，也可以说教师和学生相互砥砺、共同成长。教师的专业是需要终身学习的专业，教师更有效的成长需要更专业的学习，这样的学习包括专业地向学生学习。印度电影《地球上的星星》中就有这样的案例：

蒂瓦日老师上诗歌课："瑞杰·达蒙戴，你来朗诵这首诗。伊桑，你来解释这首诗。"

瑞杰是很优秀的学生，他朗读起来："我低头俯视/你正如天空中的一片云/口渴的大象经过，我的同伴到来/清脆的自行车铃声，一颗颗小鹅卵石/还有盲人的指路棍/画面散去，你又是我们的小溪。"

伊桑站起来，犹犹豫豫、结结巴巴地解释："眼见为实，耳听为虚。人们大多这样说。但是，眼见未必为实，耳听未必……"

蒂瓦日很不耐烦："什么虚虚实实的？"全班同学哄堂大笑。

蒂瓦日叫起米努·派特来解释。米努的解释是："这首诗是说，作者从小溪中看到了天空，不同的事物倒影也不同，最后我们发现那是条小溪。"蒂瓦日肯定了米努的解释，伊桑失望地坐下，眼中透着委屈。

下课了，瑞杰对伊桑说："你的理解才是对的，其他同学只是在死记硬背。蒂瓦日先生很严格，你只要记住他说的话，回答时依样画瓢就可以了。"

笔者赞同瑞杰的看法，伊桑的"理解才是对的，其他同学只是在死记硬背"。也为蒂瓦日老师失去了这样一次有所改变、有所发展的机会而感到可惜。那教师怎样才能更好地向学生学习呢？

第一，要有向学生学习的意识。孔子说："三人行，必有我师焉。择其善者而从之，其不善者而改之。"韩愈在《师说》中强调："生乎吾前，其闻道也固先乎吾，吾从而师之；生乎吾后，其闻道也亦先乎吾，吾从而师之。"教师向学生学习，与学生共同成长，不仅有利于自身发展进步，而且有利于为学生树立学习榜样，有利于营造和谐共进的师生关系，有利于站在学生的角度施教，也有利于我们重新认识和理解教师生活。当教师向学生学习，教育实践就不再只是付出，教育生活就不再是"春蚕到死丝方尽"，教育活动就能收获成长。

第二，要把课堂还给学生，让学生有机会表现和表达。在《道德经》中，老子说："弱者，道之用。"按照"道者，导也"的理解，"弱者，道之用"中的"弱"就成了"引导"的原则和方法，要发挥好引导的作用，教师需要"示弱"和"用弱"，所谓"有之以为利，无之以为用"。将这一思想运用于教学，"示弱"就是将自己的"有"藏起来，示学生以"无"和"弱"，使学生不等、不靠、不依赖，自己的事情自己干。而"用弱"则是在引导时，"不愤不启，不悱不发""导而弗牵，强而弗抑，开而弗达"。

这就意味着教师首先要把课堂还给学生，给学生以表现的机会，让他们有机会提出自己的问题，有机会陈说自己的思维过程、学习方法和解决问题的途径，有机会展示他们的人生经历和经验。学生能够进行自我展示和表现，这才有教师向学生学习的可能。在学生表达和展现的过程中，教师的角色不仅仅是引导和帮助者，也是观察者、欣赏者、学习者。

第三，用心倾听，重视学生的不同意见和表现，与学生平等对话。把课堂还给学生以后，我们还要把主要精力用于观察学生的表现。把精力集中到学生身上，我们就会发现，课堂上的学生会有不同的声音和不同的表现。面对学生不同的声音和表现，教师需要开放心态，不要先入为主地用自己的经验进行否定，而是慢下来，仔细想一想，再问一问。这样，既表达了对学生的尊重，又能够从学生不同的声音和表现中得到启示和帮助。

第四，不要对成绩差、水平低的学生抱有偏见。因为他们成绩差、水平低，我们就很容易轻视和忽视他们的意见。在上述案例中，因为伊桑的表现一直都不尽如人意，所以蒂瓦日老师对伊桑就更加缺乏耐心，也就更不容易去倾听和理解他的看法，这就失去了一次激励伊桑的宝贵机会，也失去了教师自我发展和进步的可能。

经常运用自我反思和批评的"小鸟"。 学习对自己的生活保持审视，用批评的眼光反观自己。 笔者提出观课议课，主张首先要观察自己的录像课（或者听自己的录音课），在此基础上整理课堂教学实录，让自我批评成为"小鸟"。 湖南省益阳市南洲镇第六完全小学的高颖老师做过实践，她有这样的发现和收获。

首先我改变了对自身课堂教学的认知。当真的客观地审视自己时，我发现我的"盲目自信"被瓦解了。教师用语、教学设计、细节处理方式、评价机制，甚至连教师教态，统统经不起推敲。这一面镜子太过真实，它连放大镜都不是，仅仅只是还原了属于我的课堂的那份真实，就足以瓦解我的自我感觉良好，让我铭记对课堂教学务必心存一份敬畏与清醒。

其次，我开始更加关注课堂中的细节。那些微不足道的一举一动，或许只是说了一句病句；提了一个毫无价值的问题；忘记了对某个发言的学生给予评价；忽视了坐在某个角落的学生……在此之前我从未认真地去发现，去感受，去反思，甚至觉得这些细节在整堂课中不值一提。但是，即便这样就不值得被看见了吗？如果不是通过复盘课堂实录，我不会意识到我整堂课几乎一直站在教室的同一个位置，不知不觉说了那么多废话，以及在处理预设结果之外的状况的时候自己的稚嫩。

反思自己，自己给自己当"小鸟"，可以借助思维导图的黄色、黑色和绿色"思考帽"。 爱德华·德·博诺博士提出用白、红、蓝、黄、黑、绿"六顶帽子"提供思考的六个视角。 在进行教学创新的想象思维时，我们用黄、黑、绿三顶帽子从不同角度理解和发现课堂。

"黄帽"是肯定的，它代表着一种乐观主义的判断，主要思考的问题是："这样教学的好处是什么？ 合理性在哪里？ 积极因素是什么？"黄帽给人阳光灿烂的感觉，"黄帽思维"有利于积淀我们的教学勇气，帮助我们获得教学信心。

"黑帽"是质疑和否定的，思考的问题是"这样教可能的问题是什么？ 风险有哪些？ 有哪些问题是我们忽略的？"可以说，在时间有限的条件下，任何教育都是有缺陷的。"黑帽思维"使我们审慎地对待教育，仔细地权衡教育，在决策和实践中尽可能地追求教育利益最大化。

"绿帽"是新的发现和选择。 着重关注"除了现有方案，我们还有没有其他更好的选择？ 我们能不能以其他方式来做这件事？ 这里有没有另外的一种解释"等问题。"绿帽思维"是在"黄帽思维"和"黑帽思维"之后的思维延续，是对新思路的探询和发现，具有破旧立新的创造性。

三顶帽子的思维过程使我们对课堂教学保持开放和审视的态度，它在认清"正"和"反"的种种可能后，从中发现"合"的创造。 这样的研究方式既可以用于集体观课议课，也可以用于教师个人的自我反思。

笔者曾经执教《林海》第二课时。 课堂上，学生提出了这样一个问题"课文中'青松作衫，白桦为裙，还穿着绣花鞋'是什么意思"。 课前，笔者没有想到这个问题，但自己曾经是地理教师，知道植物群落的垂直分布特征，于是在黑板上勾画出一幅简笔画，把不同高度的植物群落标示出来（如图9）。

图 9　不同高度的植物群落

用黄色帽子的思维来进行课后反思，笔者很为自己得意，这样的图可以让学生直观地知道这里写的是兴安岭植物的垂直分带，感觉很不错。 用黑帽子的思维，发现这是一个败笔，"青松作衫，白桦为裙，还穿着绣花鞋"本是用想象的方式、拟人的写法写小兴安岭的温柔美丽。 实际教学中还原的处理方式把对小兴安岭的美好想象变得直白和无趣，这是在用科学的方式处理文学，用教地理的方式教语文。 下一次怎么办？ 用绿色帽子的思维寻找新的出路：首先还是需要画的，这可以让学生知道写的境况是什么，但又绝不能就此停下来，而是要就此提出需要讨论的问题："老舍先生为什么不这样写'山顶是青松，山腰是白桦，山脚有野花'，而是写成'青松作衫，白桦为裙，还穿着绣花鞋'。 想一想，讨论一下阅读的感觉有什么不同？ 效果有什么不一样？ 把这种感觉和效果读出来。"通过讨论和再读，就可能让学生体会作者的心情，生出对文字的敬意，并从文字中获得更加美好的文学想象和感受。 三顶帽子的思维方式，使未来的教学产生了一种新的可能。 致力实现新的可能，未来的教学就有了新奇，新奇的生活带来新的期盼。 经验告诉我们：有期盼的生活是一种值得向往的幸福的生活。

自己给自己当"小鸟"，找自己教育教学中的问题，既费时间又让自己难受，那为什么还要给自己"当小鸟"，这里有我们对学生成长负责、对自己专业成长负责的伦理自觉。 只有教师知道，教学是没有止境的，无论自己的课教得如何，不断提高总是必要而且可能的。 这时我们才会自觉反思自己的教学实践，不断进取，不断提高。 给自己"当小鸟"，同时意味着接纳真实完整的自己，看到自己的优点，同时认同和接纳自己的不足。 美国教育学者帕克·帕尔默在《教学勇气——漫步教师心灵》中说："真正好的教学不能降低到技术层面，真正好的教学来自于教师的自身认同与自身完整。"

跳出"井"与人的改变

《坐井观天》中的青蛙会跳出井吗？ 我们来看看它对小鸟看法的态度。它说："朋友，别说大话了！""朋友，我天天坐在井里，一抬头就能看见天。 我不会弄错的。"可以肯定的是，带着这种自以为是的态度，这只青蛙是不可能跳出井口的。

英国学者戴维·伯姆说："当问题发生在自己身上的时候，我们在心理上就会出现一种短暂的恐惧感，阻止自己触及这些问题；或者会产生兴奋感，导致注意力被转移到其他问题上去。 我们总能够把干扰自己的问题搁置一边。 结果是，当一个人想当然地认为自己是在听取别人的意见时，在他的潜意识里实际上仍然在固执己见。"青蛙不会跳出自己的"井"，人也难以跳出自己的"井"，这从一个角度说明了人的改变之难，人的改变之难同时说明教育之难。因此，对于教育之难、促进人的改变之难，我们需要有充分的思想准备，不能奢望一举成功，一劳永逸，教育者需要耐心，需要有反复的准备、甚至要有可能劳而无功的准备。如果你发现，你曾经或者正在影响和改变着学生，使他们成为更好的人，由此过上更幸福的生活，那你就有足够的理由为自己骄傲并感到幸福。

引导学生"跳出井口"，首先我们自己要学会"跳出井口"。实际上，我们就如同这只青蛙，不停地跳出"井"，才构成了人生的全部内容。尽管无论如何跳，跳出一口小井，又将有一口更大的井在等着。正如有诗云"莫言下岭便无难，赚得行人空喜欢。正入万山圈子里，一山放过一山拦"。同时"小鸟"的天地也未必可靠，因为小鸟之外有雄鹰，雄鹰之外还有传说中的鲲鹏。但人的这种"跳"不是徒劳，"跳"的过程是改变自己的过程，是发展和超越既往与现在的过程。"跳"是一种积淀，是一种超越，人生的意义在于超越，也就在这种持之以恒的"跳"中。在小学课文《和时间赛跑》中，作家林清玄深知跑不过时间，却还是要和时间赛跑，他说："虽然我知道人永远跑不过时间，但是可以比原来快跑几步。那几步虽然很小很小，但作用却很大很大。假若你一直和时间赛跑，你就可以成功。"奥地利物理学家埃尔温·薛定谔说："诚然，人类生活的每一天，甚至个体的全部生命史，只不过是在永远无法完成的雕塑上留一点细小的斧痕。我们在进化中已经历的巨大的变化也正是由这无数斧凿汇集而成。"人类需要"跳"，人类的"跳"开辟了人类新纪元。

跳出井口的"青蛙"如何生活

"青蛙"跳出井口如何生活？笔者曾经做过这样的续写：

却说井里住着的不是一只青蛙，而是 A、B、C、D、E、F 六只青蛙。

大家本来享着井里的幸福，多事的小鸟打破了这种平静。受不了小鸟的轻蔑，也受着更广大的天空的诱惑，青蛙们一起跳出了井口。

井外的天更大，小鸟没有骗大家。

更大的天也提供了更多的选择，六只青蛙再也不能对未来的努力和前途统一，大家只好分道扬镳。

A 青蛙刚跳出几步，就被蝗虫和蚂蚱吸引，它不仅庆幸自己跳出井口的选择，更庆幸没有与其他五位伙伴同行，可以独享的蝗虫和蚂蚱激动着它的神经，它向这些蝗虫和蚂蚱扑了过去。

B 青蛙和 C 青蛙同行，它们来到河边，B 青蛙开始认定这是一个最舒适的环境，它不顾 C 青蛙的劝告，开始布置和装饰自己的新家。

C 青蛙对 B 青蛙的选择不以为然，它被跳出井口以后的发现诱惑，跳出井口的解放激动着它，更彻底的追求使它孤独地远行。

D 青蛙遇到了小鱼和小虾，它很快投入了彻夜的狂欢。实际上，我们可爱的 D 青蛙还饿着肚皮。

E 青蛙接受了一位农村小朋友在作文中安排的命运："青蛙跳出井口以后，走了几步，闻到一股刺鼻的农药味，几只死青蛙漂在被污染的河水里。又走了几步，听到一声凄厉的惨叫，一只老青蛙已经被农夫叉死了。它想，还是井里安全，于是它又跳回了井里。"

多年的井底生活为 F 青蛙画上了一个圈。在井外，它只会在井底大小的圈子里跳跃和栖息，也等待着在井底时因为黑暗而撞进自己嘴里的各种昆虫。没有想到，井外的虫子们个个身手敏捷。固守在这样的圈子里，结果可想而知。

井里，新的青蛙在出生、成长，它们开始讨论天是不是只有井口那么大……

不同的选择会有不同的结果，生活是我们自己选择的，读者朋友，你会如何选择？

选择和善处工作环境的"井"

无疑，工作环境就是最现实的"井"。就工作环境而言，不是我们想"跳"就能"跳"的，如何和现实工作环境的"井"相处就是我们需要考虑的问题了。就笔者看来，待在环境的"井"里也好，跳出环境的"井"也好，都要关注自身的修养和成长。关于修养，有一种说法是"修以求其粹美，养以期其充足；修犹切磋琢磨，养犹涵育熏陶"。所谓涵育熏陶，就是置身于某一种环境中，一方面在环境中浸润、培养和熏陶，另一方面是丰富、改善环境，最后达到逐渐和环境的协调一致，彼此共生共荣，共同成长和发展。

要选择有利于修养的工作环境。我们都知道孟母三迁的故事，为什么要三迁？ 是为了让自己的孩子有一个好的学习和生活环境。 人生活在环境中，总会或多或少地受到环境的熏陶和影响。 孔子说："里仁为美。 择不处仁，焉得知。"也就是说，要和有仁德的人住在一起才是好的，如果你选择的住处不是跟有仁德的人在一起，怎么能说你是明智的呢？ 基于专业成长的需要，要尽可能选择有利于自己专业修养的工作生活环境，把和谐的人际关系、积极向上的校园氛围，以及关心年轻人的成长，看成是自己工作和生活的一种福利。

从这个角度，在找工作时，固然要看工资和待遇，但也要看这个单位有没有一种发展氛围，会不会提供发展机会，能不能对你的成长和进步有帮助，这个单位可能会让你这块"玉"干裂，还是会滋养你、丰富你，会给你"压担子"，让你在接受"摩擦"后越来越明亮，让你的人生不断升值和增值？ 如果你有选择的可能，你就应该把这个作为一个选择的依据和标准。

要研究和适应环境。来到一所学校，首先要接纳学校，并研究学校。 比如，要研究学校的规章制度，要研究学校的教学要求，要研究学校的文化传统，在研究中形成认同，在认同中实现从学生到教师，从外来教师到本校教师的转变，融入学校，融入教研组，融入年级组，融入一个班集体，同时也赢得对方的认同和接纳。

积极参与学校环境的改善和改变。不可否认，学校的文化环境、管理制度、人际关系未必都是合理的，我们需要从环境中吸取有价值的养分，同时又要积极主动地反哺学校、反哺环境，使不尽合理的工作环境变得更加美好和理想。

有一位老师向笔者抱怨："学校没有明确的制度，因此，教师带着愠怒进校园工作，这样的情景怎样提高课堂教学的有效性？"笔者的意见是建议思考这样一些问题：(1)你是不是也带着愠怒进校园？ 如果我们自己也愠怒，我们就不要只批评他人愠怒，而是先从改变自己入手。 (2)如果我们愠怒，我们向谁表现我们的愠怒？ 我想，对于学校领导班子，我们应该理性地表达自己的愠怒，申诉自己的权利和意愿，参与建设合理而公平的学校制度。 挪威戏曲家易卜生说："每个人都对他所属的社会负有责任，那个社会的弊端他也有一份。"对学校中的种种不合理，我们自己都担着改造和建设的责任。面对学生，我们是不能带着愠怒的情绪的：学生没有招惹你，他们不该承受你的愠怒；学生是人，是有自己的情绪体验的，你的愠怒有可能让他们失掉好心情，也可能让他们成为你愠怒情绪的牺牲品。（3）想一想，愠怒的情绪能改变什么呢？抱怨本身不能让我们得到好的生活，反而在很多时候破坏了我们的好生活。只是愠怒没有一点积极作用，它让自己心情不爽，让学生跟着倒霉，也让同事彼此畏而远之。美国散文家梭罗说："我们应该多多授人以我们的勇气而非我们的绝望，授人以我们的健康舒坦而非我们的愁容病态，当心别去传播疾病。"从这种意义上，还是不愠怒的好。（4）对于愠怒，我们能不能转换一个视角：不要只从自己的角度考虑，不要只把自己的功劳看得太大；能不能学会看到他人的工作，知道他人的贡献？能不能体谅制度建设的不容易？我们需要被他人理解，也需要理解他人；有了这样的意识，我们还需要培养这样的能力。

有这样一个寓言：一只乌鸦打算飞往南方，途中遇到一只鸽子，一起停在树上休息。鸽子问乌鸦："你这么辛苦，为什么要离开这里呢？要飞到什么地方去呢？"乌鸦叹了口气，愤愤不平地说："其实我不想离开，可是这里的居民都不喜欢我的叫声，他们看到我就撵我，有些人还用石子打我，所以我想飞到别的地方去。"鸽子好心地说："别白费力气了。如果你不改变你的声音，飞到哪儿都会不受欢迎的。"想起来，还是改变自己更有价值，更加可靠。

（陈大伟，赵雪琴）

培训感悟
给思维多开几扇窗
（代后记）

这一周共参加了五场学习培训，今天整理了其中的一些学习收获，于是记录下来。

成都大学陈大伟教授在周四给我们开展了龙岗区梯队教师培训。陈教授的这次培训讲座的选题有意思，也很有意义——教师人生寓言与思维改善，通过寓言故事启发我们转变观念，改善思维，新奇有趣。审视和调整思维方式，培养思维的积极性，提高思维能力，既是老师对自身个人发展的要求，也是在培养学生成长的工作中的一个目标。

陈教授在培训中讲到的一些内容，我目前理解得还不透彻，似懂非懂。我把它们带到工作实践中去思索，慢慢应该会有新的收获。

不过他所讲的三个寓言故事的人生寓意，令人茅塞顿开，醍醐灌顶。我才发现认知上独辟蹊径，是这样开阔的一片思维场域，痛快！

《盲人摸象》，"我们都是盲人"。我们的视野有限，经验有限，认识世界的能力也都是有局限的，因此不能执迷于一己之见、一面之词，不能固守以往的经验，要去吸纳新鲜的信息，乐于去贡献与分享。在众说纷纭时做到"我心有主"，能够自己澄清，把握事物的本质。

在教学中也要用有趣的能促进发展的内容、方式来教。教育教学有各种理论、各样教法，然而我们要有自己的思考和辨析，把握住教育的本质所在，形成自我的教育理解。

《小马过河》，我在和学生学习这个故事的时候，特别有意引导学生从不同的角度来谈收获，培养学生的思维开放性，我为此感到高兴。不过现在知道，这些思考还远远不够。现在还可以从小马妈妈的话来反思，是应该"先想"还是"先试"，小马妈妈的教育有没有问题？这样的思考真是高妙！

陈教授后来就此给我们讲课堂教学阶段与改进机理，指导我们在课堂教学、观课议课中如何思考和实践。"教学的重要任务是教思维。"我们可以在平时多问孩子一句"你是怎么想的"，问得简单意义可不简单，这就是在引导孩子遇到问题先进行独立的思考，培养他的思维力了。

《坐井观天》，讲座中陈教授没有时间给我们细讲。在快速带过的时候，"青蛙为什么坐在井里？它能自己跳出井来吗？我们是不是也是青蛙，也坐在'井'里？小鸟的作用和意义又是什么？……"这些问题把我的耳朵抓住了，从来没有过这样的反思，值得好好思考。

这几个寓言的多样理解让我意识到，其实思考的可能性远比我们自己估计的大得多，是以往"只能这样""只有这些"的想法拘住了自己。要会反思、去反思，多给思维开几扇窗，说不定新鲜的想法就从哪个窗飞了进来。做研究也可以这样，在自己的生活和工作中多用心，做好一个学习者，常常思考能学到什么，阐幽发微，见微知著，或许就不难做成了。

深圳市龙岗区华南师范大学附属龙岗雅宝小学　何静